25 cuentos para leer en 5 minutos

BEASCOA

Primera edición: abril 2012

© 2012 Beascoa, Random House Mondadori, S.A.
Travessera de Gràcia, 47-49. 08021 Barcelona

© 2012 Martín Roca por el texto
© 2012 Esther Burgueño por las ilustraciones

ISBN: 978-84-488-3131-8
Depósito legal: B-7385-2012
Impreso en España por: Gráficas Varona (Salamanca)

BE 3 1 3 1 8

Sumario

Cómo tropezaron por primera vez los tres cerditos con el lobo

Poca gente lo sabe, pero ocurrió así. Antes de que los tres cerditos tuvieran una casa para cada uno, vivían todos juntos en casa de sus padres. Cada mañana iban a la escuela, por la tarde jugaban con sus vecinos y por la noche estaban tan cansados que se dormían apenas se metían en la cama.

Era la suya una vida tranquila y feliz, aunque los tres hermanos eran muy distintos entre ellos y no siempre estaban de acuerdo.

–No hagáis tanto ruido –les decía el mayor de todos, que era el más serio–. No me dejáis leer.

–Está bien, vamos a dibujar –contestaba el mediano, a regañadientes.

–¡A la pelota! –gritaba el pequeño–. Yo no quiero dibujar, yo quiero jugar a la pelota.

Y así siempre: se enfadaban, discutían y sus padres terminaban regañándoles.

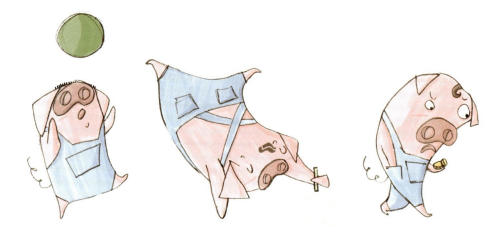

–¡Basta de peleas! –les ordenó, muy seria, su mamá–. A partir de ahora, vais a aprender a hacer las cosas juntos. Para empezar, quiero que vayáis los tres a buscar una onza de arroz a la tienda de doña Corneja.

Cabizbajos, los cerditos salieron de casa, pensando cada cual en los planes que había hecho para aquella tarde y que ya no podrían cumplir:

–¡Por vuestra culpa me he quedado sin leer! –se quejó el mayor.

–¡Y yo sin dibujar! –lo imitó el mediano.

–¡Y yo sin jugar a la pelota! –concluyó el pequeño aunque, por si acaso, había salido con el balón debajo del brazo.

Sin decir nada más, los cerditos siguieron caminando, cada uno a su ritmo. El menor iba botando la pelota y lanzándola al aire; el mediano dibujaba en el suelo con una tiza mientras caminaba; y el mayor pensaba en cuánto le hubiera gustado quedarse leyendo. En su bolsillo tintineaban las monedas para pagar el arroz, pues su madre le había hecho responsable del dinero.

—¡A cargo del dinero! ¡A cargo de mis hermanos! Siempre me toca a mí estar a cargo de todo... —se quejaba, caminado cada vez más rápido. Tan enfrascado iba en sus pensamientos que no le prestaba atención más que a su propio enfado. Cuando llegó a la tienda de doña Corneja y se giró para apresurar a sus hermanos, se dio cuenta de que no le seguían. A lo lejos podía ver al mediano, entretenido en el suelo con la tiza, pero de su hermano pequeño no había ni rastro.

Preocupado, el cerdito fue en busca de su hermano y preguntó:

–¿Dónde está nuestro hermano menor?

El mediano levantó la cabeza distraído y reconoció:

–No lo he visto hace rato.

–¡Lo hemos perdido! –exclamaron casi al mismo tiempo, y en seguida comenzaron a buscarle.

–¡Cerdito menor! ¡Cerdito menor! –gritaban–. ¿Dónde estás?

Tuvieron que desandar buena parte del camino. Y cuando ya casi desesperaban, escucharon la voz de su hermanito que decía:

–¡Aquí arriba! ¡Aquí arriba!

Desde el tejado de una cabaña, el pequeño cerdito hacía gestos para que lo vieran.

–Se me colgó la pelota –les dijo–, subí a buscarla, y ahora no me atrevo a bajar.

Sus dos hermanos sonrieron aliviados.

–¡Ahora subo a rescatarte! –exclamó el mediano, que trepó al tejado y se abrazó a su hermano menor.

–Dame la mano, bajaremos juntos.

Pero en cuanto se asomaron al borde del tejado, los cerditos se asustaron, y así que, en lugar de uno, fueron dos cerditos los que no se atrevían a bajar.

–¡Ah! –se quejó el mayor mientras acercaba una escalera que encontró apoyada en un árbol–. ¡Siempre tengo que arreglarlo todo!

Y, sin pensárselo dos veces, subió al tejado. Pero, una vez arriba no tuvo tiempo de rescatar a sus hermanos porque el techo cedió y los tres cerditos cayeron dentro de la cabaña.

–¡Aaaah!

Por suerte el testarazo fue más suave de lo previsto. Los tres cerditos aterrizaron, nada más y nada menos que sobre un pastel de nata.

–¡Mi pastel! –escucharon nada más caer– ¡Habéis arruinado mi pastel de cumpleaños!

13

Delante de ellos había un lobito más o menos de la edad del cerdito menor, con los ojos llenos de lágrimas.

–¡Cerditos maleducados! –protestó en seguida mamá loba.

–¡Ahora verán! –amenazó papá lobo, subiéndose las mangas de la camisa.

Los tres cerditos estaban rodeados.

–¡Hermanito –protestó entonces el cerdito mayor–, con todas las cabañas que hay, y tuviste que colgar el balón justamente en la de la familia lobo!

Y sin perder tiempo, los tres echaron a correr. ¡Qué carrera! ¡Por qué poco! Al final, después de mucho correr, los hermanos llegaron a su casa, sanos y salvos, sin el arroz pero con la lección aprendida: en adelante cuidarían unos de otros. Bueno, y este sería el final de esta historia, si no fuera porque al lobito, que había practicado mucho, no le hizo ninguna gracia no poder soplar las velas del pastel.

–Si alguna vez vuelvo a ver a esos cerditos –dijo–, soplaré, soplaré y...

El ratoncito Sánchez

Quién de vosotros no conoce al ratoncito Pérez, el ratón más famoso del mundo? Pero si le preguntáis a un ratón, os dirá que estamos muy equivocados, que el ratón más famoso de todos los tiempos se llamó Sánchez y no Pérez.

Sánchez no solo fue un ratón famosísimo en su época, sino que además fue el ratón más ligero y diminuto de todos los tiempos. Era tan pequeño que dormía en un dedal y bastaba una sola gota de lluvia para que Sánchez quedase empapado de pies a cabeza. Por eso, siempre ponía atención al tiempo que hacía antes de salir a la calle. Bueno, siempre... salvo una vez que comió tanto queso que le entró sueño y se quedó dormido.

–¡Qué desastre! Me he quedado dormido –exclamó nada más despertarse–. Justo hoy que hay reunión de ratones.

Y a toda velocidad, se acicaló los bigotes, se enderezó las orejas y se puso la gabardina más elegante que encontró en la

caja de cerillas que le servía de armario. Como no podía perder ni un minuto, salió por la grieta más cercana, y en un abrir
y cerrar de ojos se encontró en la calle.

–Por suerte, no llueve –se dijo aliviado–. Solo me habría fal-
tado eso...

Pero cuando se es un ratón diminuto como Sánchez, no con-
viene cantar victoria tan deprisa. El cielo apenas le dejó avan-
zar dos pasos antes de mandarle una
ventolera que le infló la gabardina como
un globo.

–Oooooh... –exclamó el ratoncito mientras se elevaba por los aires–. ¡Esto sí que
no me lo esperaba!

En menos que canta un gallo, Sánchez se
encontró volando por encima de los teja-
dos y las azoteas de la ciudad.

–Es todo un contratiempo pero no hay

que negar que la vista es preciosa —pensó mientras contemplaba las calles y las casas. De repente, el viento se detuvo y el ratón Sánchez empezó a descender. ¡Menos mal que la gabardina le hacía de paracaídas!

—A ver dónde caigo... —murmuró con curiosidad.

Pero su curiosidad se convirtió en sobresalto cuando identificó su destino.

—Es la esquina de los gatos —se dijo preocupado.

—Vaya, vaya —maulló Felini, el gato más pícaro de aquella esquina, mirando hacia el cielo—. Mirad quién está aquí... ¡es el ratón Sánchez!

–¡Bah! –contestó Bigotón, el gato más rollizo–. Con él no tengo ni para empezar...

Petrificado de miedo, Sánchez veía como iba perdiendo altura, cayendo sin remedio en la zona más peligrosa de la ciudad. Sobre todo si eres un ratón.

–¡Yo lo cazaré! –gritó entonces Zarpas, el gato más joven. Y ya se abalanzaba sobre el pequeño ratón cuando una nueva ráfaga de viento levantó a Sánchez del suelo.

¡Cómo molestó aquello a los gatos! ¡Y qué alto saltaban para atrapar al pobre ratón! Pero el viento no dejaba de soplar, y poco a poco, Sánchez se fue alejando de aquel lugar.

–¡Adiós Felini! ¡Bigotón, Zarpas, hasta nunca! –se reía.

Lo que no sabía Sánchez era que el viento se detendría en el momento menos oportuno, haciendo que se precipitara de nuevo hacia el suelo.

–¿Dónde iré a parar ahora? ¿Habrá algún lugar peor que la esquina de los gatos? –pensaba Sánchez, mientras descendía a toda velocidad.

La respuesta la descubrió en seguida. No lejos de allí había un circo y Sánchez iba sin remedio hacia la jaula de los elefantes. ¡Qué revuelo se organizó nada más caer! Y es que nada asusta más a un elefante, que un ratón. ¡Pues imagínate si encima cae del cielo!

–¡Brrrrriiiuuu! –gritaban los elefantes, mientras Sánchez trataba por todos los medios de que no lo pisaran. La jungla de patas se hacía cada vez más espesa hasta que...

¡¡¡Fiuuu!!! Otra ráfaga de viento se llevó al ratón cielo arriba.

–¡Por los pelos! –exclamó.

Sánchez ya empezaba a estar un poco harto de volar de aquí para allí. Y deseó con todas sus fuerzas que esa vez el viento lo hiciese aterrizar en su casa. Entonces el viento se detuvo de nuevo y Sánchez miró hacia abajo.

–¡La fábrica de ratoneras! ¡Cómo puedo tener tan mala suerte! –exclamó mientras se deslizaba lentamente por la chimenea.

Al llegar al suelo, Sánchez estaba tan negro como el carbón. Y si tuviera que contaros todos los saltos, brincos y carreras que

Sánchez necesitó para huir de aquel lugar repleto de ratoneras, esta historia no tendría fin.

Los que más tarde lo vieron llegar a la reunión, se sorprendieron de dos cosas: su aspecto, parecía como si le hubiese pasado una apisonadora por encima; y lo pesado que parecía.

–¿Qué te ha pasado? ¿Y qué llevas ahí, escondido en los bolsillos de la gabardina? –le preguntaron.

–¡Dos piedras, para no salir volando nunca más! –respondió Sánchez–. Hacedme caso, yo que vosotros haría lo mismo.

Y, tras conocer las desventuras de Sánchez, a todos los ratones les gusta tener algo pesado a mano para estar más tranquilos. Quizá por eso al ratoncito Pérez le gusta coleccionar dientes.

El espejo hechizado
del rey Filiberto

Hace mucho, mucho tiempo, vivía en un lejano reino el rey más presumido que jamás haya existido. Se llamaba Filiberto y lo que más le gustaba era mirarse en el espejo que llevaba consigo a todas partes. Incluso cuando montaba a caballo colgaba el espejo al cuello del animal.

—¡Qué guapo soy! No me cansaría nunca de mirarme —se decía Filiberto un día que había salido a pasear a lomos de su caballo.

De repente, una anciana mendiga se cruzó en su camino.

—Por caridad, caballero, ¿no me daríais el espejo que cuelga del cuello de vuestro caballo? En el pueblo lo podría cambiar por algo de pan.

Al escuchar la propuesta de la anciana, a Filiberto un poco más y le da un soponcio.

—Pero, ¿qué dices, insensata? ¿Regalarte el espejo? ¿Es que acaso has perdido el juicio? Apártate de mi camino.

Pero la anciana no se movió. En lugar de eso, se quitó la capucha que le tapaba la cara y, entre chispas y resplandores mágicos, descubrió su verdadera identidad: era Ventisca, la bruja más arisca.

–¡Rey engreído! –gritó–. ¡Te equivocaste al insultar a una bruja! –y murmurando para que Filiberto no pudiera escucharla, recitó el siguiente conjuro:

«¡Barrabín, Barrabel,
el espejo será cruel,
y no verás ya tu rostro,
sino tu alma negra en él!»

Y dicho eso, la envolvió una gran nube de color violeta y desapareció.

–¡No me dan ningún miedo tus conjuros! –gritó Filiberto, fingiendo indiferencia.

Pero, de reojo, espió su reflejo en el espejo para tranquilizarse.

–¡Aaah! –aulló apenas se vio–. ¡Estoy horrible!

Efectivamente, la imagen que le devolvía el espejo no era la del joven apuesto de siempre, sino la de un ser monstruoso, de piel verde y lleno de verrugas.

–¡No puede ser! –gritaba mientras regresaba galopando al castillo, presa del pánico.

Nada más llegar, Filiberto, angustiado, se encerró en su habitación, y no quiso salir ni para comer, ni para merendar, ni para cenar.

Pasaron los días y el hechizo lejos de mejorar, empeoraba. Todas las mañanas, Filiberto se miraba con miedo en el espejo, y todas las mañanas descubría la imagen de un monstruo cada vez más monstruoso. Empezó entonces a ausentarse de las reuniones con sus ministros y desatendió por completo los asuntos de su pueblo. Sus súbditos cada vez estaban más descontento con él.

–Nuestro rey es un holgazán –se decían los unos a los otros–. No sirve para nada, ni siquiera sale de su habitación.

Estaban tan indignados que un buen día fueron todos juntos al castillo y echaron al rey sin conteplaciones.

–¡No queremos un rey perezoso! –le gritaban mientras el

pobre Filiberto se alejaba del palacio. Tan deprisa tuvo que huir, que solo se pudo llevar el espejo hechizado.

–¿Qué voy a hacer ahora? –se lamentaba mientras vagaba perdido por el bosque–. Nadie querrá a un rey sin reino…

Y vagando por el bosque estaba cuando se topó de nuevo con la bruja Ventisca.

–Espero que hayas aprendido a no ofender a las brujas –le dijo–. Toma, para que veas que no soy tan mala, te cambio el espejo por este mendrugo de pan.

Y como Filiberto llevaba días sin comer, aceptó la oferta de la bruja; pero a regañadientes, por supuesto, pues aún en la desdicha, se acordaba de los buenos ratos que había pasado mirándose en él.

Una vez la bruja desapareció envuelta en una nube violeta,

Filiberto se dirigió a la orilla de un arroyo cercano con el mendrugo de pan entre sus manos. Allí se tropezó con otro mendigo, aún más pobre que él.

–¡Ay, qué hambre tengo! Ya ni me acuerdo la última vez que usé los dientes –se quejaba el mendigo.

El rey, que algo sí que había aprendido de sus desgracias, se apiadó del desventurado y con amabilidad le tendió el pan.

–Toma –le dijo–. No es mucho, pero podemos compartirlo.

Al pobre mendigo se le iluminó la cara y con una sonrisa le respondió:

–Gracias amigo. Te prometo que cada pedazo de pan que consiga también lo compartiré contigo.

Y así fue como, por primera vez en mucho tiempo, el rey se sintió feliz; y al mirar de reojo su reflejo en el arroyó lo encontró un poco menos monstruoso que el día anterior.

Abiwatana, la princesa impaciente

Hace mucho tiempo, en el palacio africano de Dungur, vivió la princesa más impaciente que jamás haya existido, Abiwatana era su nombre. La princesa Abiwatana tenía tan poca paciencia que antes de empezar algo ya tenía ganas de terminarlo. Y, por su impaciencia, fue conocida en el mundo entero. ¿Qué le pasó?, os preguntaréis. Tened un poco de paciencia, que ahora os lo cuento.

Ocurrió un día en que la princesa Abiwatana, la más bella entre las bellas —aunque siempre iba despeinada porque no tenía paciencia para acicalarse el pelo—, se levantó con unas ganas tremendas de salir a pasear por la sabana, y corrió a contárselo a su padre, el rey Tazue.

—Ahora no puedes salir —le respondió su padre—. Los vigías me han dicho que una manada de leones merodea cerca. ¡Debes esperar a que se vayan!

—¡¿Esperar?! —exclamó Abiwatana— ¿Cuánto? ¡No puedo esperar más…! ¿Puedo salir ya?

–No, Abiwatana. Ten un poco de paciencia...

–¡Paciencia! ¿Y por qué no los echas? Tú eres el rey.

–¡Hija! –exclamó el rey–. No voy a molestar a los leones por un capricho. ¿Acaso te gustaría que te echaran a ti de palacio?

Pero Abiwatana, presa de su impaciencia, ni se molestó en contestarle.

–¡Qué rabia! –gritaba Abiwatana mientras corría por los pasillos del palacio–. Cuánto más lo pienso, más ganas tengo de salir a pasear por la sabana...

Desesperada por encontrar una solución fue en busca de Besebazen, el brujo de la corte. Besebazen conocía a la princesa desde que era una niña y nunca le negaba ningún capricho.

–¡Besebazen! –lo llamó, entrando en sus aposentos–. ¡Tienes que ayudarme! Quiero ir a pasear por la sabana pero mi padre no me deja salir, dice que hay leones cerca.

–Pero, princesa –le respondió Besebazen–, si el rey no quiere que salgáis, yo no puedo hacer nada.

Abiwatana, que sabía muy bien cómo convencer al brujo, usó su infalible mirada de pena. Por falta de paciencia, la sostuvo apenas un segundo, pero fue suficiente para convencerlo.

–Está bien, veamos –refunfuñó.

–¡Date prisa! –replicó la princesa.

Besebazen repasó con la mirada los estantes donde guardaba sus pócimas mágicas y los ojos se le iluminaron cuando dio con un frasco viejo y polvoriento.

–Me parece que ya lo tengo –murmuró–. Tal vez si usaras esta pócima...

–¿Esta pócima? –preguntó la princesa, quitándole el frasco–.
¡Estupendo! ¡Muchas gracias!

Y entre gritos de alegría y agradecimiento, Abiwatana se alejó
corriendo hacia la puerta del palacio.

–¡Por fin! –exclamó una vez afuera– ¡Qué ganas tenía de salir!
Aunque, pensándolo bien, ya estoy un poco cansada de ver
siempre el mismo paisaje. ¿Es que no piensa cambiar nunca?
Vamos, flores, a florecer... ¿qué estáis esperando...?

La princesa estaba tan distraída intentando que la Naturaleza
hiciera florecer la sabana que no advirtió el peligro que se le
avecinaba.

–¡Los leones! –gritó de repente, al verse rodeada por las fieras.
Los rugidos eran tan aterradores que Abiwatana empezó a
temblar de miedo. Pero, entonces, se acordó del frasco que le
había entregado el brujo y se tranquilizó.

–Ha llegado el momento de probar la pócima de Besebazen –se dijo, bebiendo del frasco.

Fue entonces cuando se dio cuenta de que, debido a su impaciencia, no había dejado que el brujo le explicara para qué y cómo se utilizaba la pócima. ¿La transformaría en un gigante? ¿La haría invisible? E impaciente por conocer cómo le afectaría la pócima, empezó a tamborilear con el pie en el suelo.

De repente, los leones la miraron con cara de asombro.

–¿Qué pasa? –se preguntó la princesa, tocándose la cabeza.

¡Oh, no! El pelo le estaba creciendo sin control.

–¡Abiwatana! –escuchó a sus espaldas. Era el brujo Besebazen, que se acercaba corriendo–. Me lo temía... –se lamentó al ver a la princesa en ese estado.

Sin perder un segundo, Besebazen le arrebató el frasco y se lo

arrojó a los leones que, al contacto con la pócima, se convirtieron en enormes bolas de pelo, incapaces de dar un paso sin tropezar con su propia melena.

–¡Mira lo que te ha pasado por ser tan impaciente! – sermoneó Besebazen a la princesa–. Si me hubieras dejado que te explicara...

Pasado el peligro, la princesa aprendió la lección y procuró ser más paciente. ¡Qué remedio! Durante dos meses, tuvo que ir a la peluquería cada diez minutos. La historia de Abiwatana se hizo tan famosa, que brujos y brujas de todo el mundo acudieron a comprar el crecepelos de Besebazen. La que compró el frasco más grande, según dicen, fue una bruja que, en secreto, tenía encerrada a una muchacha llamada Rapunzel... ¡Pero bueno, ese ya es otro cuento!

El zorro y la liebre

No puedo más! –gritó el zorro, tumbándose panza arriba–. Eres demasiado rápida, liebre. Me rindo. Hagamos las paces.

La liebre, que hasta el momento había huido del zorro, dio media vuelta con la lengua afuera.

–Está bien –le dijo–. Yo tampoco puedo dar un paso más. Descansemos.

Y los dos animales se quedaron un buen rato tumbados en el prado, cansados de tanta carrera. Todos los días ocurría lo mismo: el zorro corría para atrapar a la liebre; y todos los días, la liebre corría para que el zorro no la atrapara, hasta que ambos caían rendidos y decidían almorzar zanahorias y manzanas.

Era primavera, y el prado estaba salpicado de flores. Aquella mañana, una llovizna lo había regado todo. El zorro, que poco a poco se iba recuperando, giró la cabeza y, a lo lejos, divisó el arcoíris entre dos montañas.

–Mira, liebre, el arcoíris.

–¡Qué hermoso es! –respondió la liebre.

–¿Sabes lo qué cuentan? Que al pie del arcoíris guardan los duendes una olla repleta de oro, y que el primero que la encuentre se la puede quedar.

–¡Vaya! –se admiró la liebre– ¿Será verdad?

–Da igual –replicó el zorro–. Está demasiado lejos. No hay nadie tan rápido que pueda llegar hasta él antes de que se desvanezca.

–¡Lástima! –se lamentó la liebre–. Me vendría muy bien una olla de oro. Podría ir de viaje a algún país sin zorros.

–¡Y a mí! –añadió el zorro–. Comería todos los días en el restaurante del señor Topo y no tendría que perseguirte.

–¡Ay! –suspiraron ambos, soñando con aquel tesoro.

Entonces, la liebre tuvo una idea.

–Escucha, zorro –le dijo–. Tú y yo somos muy rápidos, pero no podemos llegar al nacimiento del arcoíris sin ayuda, nos cansaríamos antes.

–Eso ya lo sé. ¿Por qué te crees que nunca lo he intentado? –replicó el zorro malhumorado.

–Sí, pero espera. Te propongo un trato: llevémonos el uno al otro, y de ese modo cuando uno se canse, el otro podrá seguir.

Al zorro no le pareció mala idea, y la tentación del tesoro era grande. Pero, aun así, tenía sus dudas:

–Yo puedo llevarte sin problemas, pero tú… ¿Estás segura de que podrás cargar conmigo?

–Lo intentaremos –respondió decidida la liebre–. Vamos. Sube.

No muy convencido, el zorro subió a lomos de su compañera. Al comienzo se tambalearon un poco, pero cuanto más rápido iban, más seguros se sentían.

–¿Lo ves? –dijo la liebre llena de alegría–. ¡Sí que puedo!

–Es verdad –reconoció el zorro–. ¡Rumbo al arcoíris!

La liebre corrió y corrió; y el arcoíris cada vez se veía más y más cerca. Pero a mitad de camino, la liebre se quedó sin fuerzas. Entonces, tal y como habían quedado, el zorro tomó el relevo y corrió a toda velocidad, pues estaba de lo más descansado. El arcoíris se veía cada vez más y más cerca hasta que, agotado, el zorro por fin lo tocó con la punta del hocico.

–¡El tesoro! ¡El tesoro! –gritó–. ¡Hay que encontrarlo!

Y los dos compañeros emprendieron la búsqueda de la olla dorada. Miraron en todas partes, arriba, abajo, a un lado y al otro. El zorro llegó incluso a meter el hocico entre el color rojo y el naranja. Pero nada, la olla prometida no aparecía por ningún lado. Hasta que la liebre exclamó:

–¡Aquí, zorro! ¡Aquí!

El zorro se acercó. Su compañera sostenía una triste moneda de cobre que había encontrado debajo de una piedra.

–¿Eso es todo? –se enfadó el zorro.

–No hay nada más.

–¡Toda esta carrera para una moneda!

Presa de su mal humor, el zorro arrebató la moneda a la liebre y la arrojó tan lejos como se lo permitieron sus fuerzas, gritando:

–¡Qué porquería de tesoro!

La liebre se puso a reir.

–¡No tiene ninguna gracia! –protestó.

–¡Pues claro que sí, zorro! ¿Es que no te das cuenta? ¡Estamos debajo del arcoíris!

Entonces los dos animales comprendieron lo maravilloso de su viaje. Y tumbados en la hierba, admiraron el arcoíris.

Y aquí termina la historia del zorro y la liebre pero no la de aquella moneda. Resulta que se la encontró una urraca, que luego se la dio a un búho, que se la gastó en un helado y el heladero… Bueno, el heladero la perdió frente al portal de una ratita que estaba barriendo su escalera…

Las desventuras de Arturo, el osezno hambriento

Aquella mañana en el bosque había un revuelo poco habitual. Entre pájaros, ardillas y erizos corría el rumor de que un oso hambriento merodeaba por la zona en busca de comida.

Pero la verdad era que el animal hambriento no era un oso, sino un osezno, el osezno Arturo para más señas. Arturo era un oso de cabaña, donde vivía con sus padres, el señor y la señora Oso, y aunque tenía hambre, estaba acostumbrado a comer con cuchara.

Y de cuchara precisamente era el problema de Arturo.

–¡Sopa de calabacín! –gruñía para sí–. ¡Estoy harto de que mamá siempre cocine sopa de calabacín! ¡No me gusta!

Con la mirada fija en el suelo y las cejas muy juntas, Arturo recordaba la discusión que había tenido con su madre esa mañana. Era el tercer día seguido que había sopa de calabacín para comer, y Arturo odiaba ambas cosas: la sopa y el

calabacín; así que la combinación era lo peor que le podían dar para comer.

—¡Me voy! —terminó gritando—. ¡Seguro que en el bosque encuentro algo más sabroso!

Y salió de la cabaña dando un portazo.

De eso ya hacía un rato, y la verdad era que Arturo no había encontrado nada que echarse a la boca. ¡Y ya le empezaban a sonar las tripas! Por eso, cuando divisó una enorme colmena de abejas colgando de un árbol, se entusiasmó y soltó un "¡¡¡Miel!!!"

tan alto, que los pájaros de los alrededores escaparon volando del susto.

Arturo se acercó al árbol, relamiéndose el hocico. Pero en cuanto puso la pata encima de la colmena, un ejército de abejas lo envolvió y comenzaron a picarle.

–¡Ay, ay! –gritaba el osezno mientras huía– ¡Cómo pican!

Corre que correrás, llegó hasta el río y tuvo que zambullirse en él para que lo dejaran en paz.

–¡Buf! –soltó al sacar la cabeza del agua–. ¡Adiós, miel! Habrá que seguir buscando...

Y como estaba en el río, tuvo una idea:

–Pescaré una trucha y me la comeré.

Así lo dijo y así lo hizo, o por lo menos lo intentó. Con la torpeza del principiante, se puso a chapotear, más que a pescar, en medio de la corriente. Los peces se le escurrían entre sus garras como pastillas de jabón. Y, muy pronto, el osezno se cansó de intentarlo.

–¡No es nada fácil! –reconoció finalmente.

De repente, sintió que le picoteaban la cabeza.

«Otra vez las abejas», pensó. Pero Arturo se equivocaba.

–¡Deja de asustar a los peces! –lo regañó un martín pescador, martilleándole la cabeza con su pico.

–¡Basta! –replicó el osezno, tratando de ahuyentarlo con los brazos– ¡Yo no quiero asustarlos, quiero pescarlos!

–¡Pues los asustas! –intervino un segundo martín pescador que se había unido al ataque.

–¡Vete de nuestro río! –le gritaron ambos.

Y otra vez, el osezno tuvo que salir corriendo sin haber probado bocado. Al rato el hambre era tal que Arturo empezó a pensar en la sopa de calabacín sin tantos remilgos.

–Quizás debería volver... –se dijo.

Pero justo cuando se dio media vuelta para volver a su casa, vio algo que lo detuvo. Frente a sus narices, sobre un lecho de hojas, había una cesta repleta de jugosa fruta.

–Esto tiene que ser de alguien.. –se dijo, pero el hambre lo venció en seguida–. Un mordisquito no se notará.

Dio un paso al frente y...

¡Bum!

El suelo se hundió bajo sus pies y, en un abrir y cerrar de ojos, el osezno se encontró en el fondo de un profundo hoyo.

–¡Una trampa! –comprendió–. ¡He caído en la trampa de un cazador!

Y así había sido. Con el corazón encogido, Arturo contempló el cielo que se abría sobre su cabeza desde el fondo del agujero.

–¡Socorro! ¡Socorro! –gritó desesperado.

No tardó en ver una sombra acercarse.

«El cazador», pensó.

Muerto de miedo, cerró los ojos. Pero cuando ya temía lo peor… una voz conocida lo llamó por su nombre:

–¡Arturo!

El osezno miró hacia arriba, y el corazón se le llenó de alegría.

–¡Papá, Mamá! –gritó.

Efectivamente, eran el señor y la señora Oso.

–Dame la mano –le dijo su padre mientras estiraba el brazo–. Hay que salir de aquí antes de que vuelva el cazador.

Con los ojos llenos de lágrimas, mientras lo subían, Arturo decía:

–¡Qué miedo he pasado! ¡Mamá, te prometo que de ahora en adelante me comeré la sopa sin rechistar, todos los días! ¡Me encanta la sopa! ¡Me encanta!

La señora Oso lo consoló con una sonrisa y un abrazo, antes de decirle:

–Volvamos a la cabaña. La comida debe estar fría.

En realidad, más que fría, la comida de los tres osos estaba empezada, porque mientras ellos estaban en el bosque, una jovencita de cabello rubio y con tirabuzones había entrado en la cabaña y al ver la mesa puesta con tres platos de sopa no había podido resistirse a pobarla.

Cómo empezaron a volar las alfombras voladoras

En la lejana ciudad de Isfahán, en tiempos del sultán Mufid, vivía una anciana tejedora de alfombras llamada Halima.

Halima no tenía hijos ni familia alguna, y vivía entregada a su trabajo. En toda Persia se decía que no había alfombras más bellas que las suyas. Sin embargo, los dedos de Halima ya no eran jóvenes, y cada vez le costaba más tiempo terminar sus trabajos. Sucedía así que la salud y el dinero de la anciana iban menguando al mismo tiempo.

Un buen día apareció en la puerta de su casa el sultán Mufid, un hombre opulento y de espesas cejas negras. Mufid era el dueño de la casa de Halima y había ido a cobrar el alquiler.

–Me debes mucho dinero, tejedora –le dijo con voz grave–. Págame, o te echaré de esta casa.

Halima se desesperó.

–Gran Sultán –suplicó–, tened piedad de esta anciana. Aunque trabaje todo el día, no puedo pagar el alquiler. Mis manos son viejas y torpes.

—Entonces recoge tus cosas y márchate —replicó el Sultán.

Al verse perdida, la anciana se echó a llorar desconsolada-mente. Mufid la miró de reojo con malicia. En realidad, envi-diaba a Halima, pues sabía que a pesar de sus riquezas, jamás lograría poseer el talento de la tejedora. Pero Halima lloraba con tanta tristeza que, al final, el duro corazón de Mufid se ablandó un poquito.

—Está bien, anciana —le gruñó—. Te propongo un trato. Mi hija Fátima se casa dentro de cuatro días. Si para entonces me

mandas como presente la alfombra más hermosa que jamás se haya tejido, podrás quedarte con esta casa sin pagar ni un centavo. Pero si no es así, ya puedes despedirte de ella.

Y dicho eso, el Sultán, dio media vuelta y se marchó sin ni siquiera decir adiós.

Al principio Halima se alegró mucho, pero en seguida comprendió que aquel trato no era ningún regalo.

—¡Solo cuatro días! —exclamó— No podré terminarla en solo cuatro días.

Pero, como no tenía elección, se puso a tejer. Eligió los hilos más finos y de colores más hermosos, y los colocó en su telar en grandes madejas.

«Si mis manos fueran un poco más jóvenes…», se lamentaba.

Aunque, poco a poco, la alfombra iba tomando forma.

Al finalizar el primer día, llegó a su ventana una paloma mensajera de parte del Sultán. La tejedora leyó en seguida la nota que el animal llevaba en la pata.

«Ya han llegado los vestidos para la boda. Apresúrate, tejedora, o perderás la casa».

—¡Dichoso Mufid! —protestó la anciana. Pero como la paloma no tenía la culpa de su desgracia, le dio un poco de agua y algunas semillas. Y el ave se quedó con la tejedora, contemplando su trabajo.

Halima tejió toda la noche. Sin embargo, al llegar el amanecer del segundo día, todavía le faltaba mucho para terminar la alfombra.

Todavía no había despuntado el sol cuando una segunda paloma mensajera se posó en su ventana. Halima le cogió la nota, que decía:

«Ya han llegado los sirvientes para la boda. Apresúrate, tejedora, o perderás la casa».

La anciana refunfuñó, pero alimentó también a la segunda paloma, y fueron dos, entonces, las que la contemplaron trabajar.

El tercer día amaneció sin que Halima hubiese dormido. La alfombra estaba ya más avanzada, aunque no terminada, cuando aterrizó una tercera paloma, con un nuevo mensaje:

«Ya han llegado los

músicos para la boda. Apresúrate, tejedora, o perderás la casa».

Agotada, Halima alimentó también a la paloma, que se quedó con las demás.

Tres noches pasó al fin la tejedora sin dormir, pero al llegar el cuarto día, la alfombra estaba terminada. Era, sin duda, la más hermosa que jamás se hubiera tejido. Sus estampados eran tan delicados, que podían rivalizar en belleza con el sol de la mañana. Las palomas del alféizar la contemplaban maravilladas cuando llegó hasta ellas una cuarta paloma. Los dedos de la tejedora estaban tan cansados y entumecidos, que le costó gran trabajo desenrollar el mensaje.

«Ya ha llegado el novio para la boda. Trae ahora mismo la alfombra, tejedora, o despídete de tu casa».

—Tengo que llevar la alfombra al palacio del Sultán –dijo la anciana rendida–. No puedo perder la casa ahora. Pero estoy tan cansada…

Y Halima se durmió sin querer sobre las semillas que llevaba para la cuarta paloma.

Por suerte, las aves mensajeras habían comprendido los apuros de la tejedora; y cada una tomó con el pico un extremo de la alfombra y la sacaron volando por la ventana.

Y así, volando, llegó el regalo al palacio del Sultán, que no tuvo más remedio que cumplir su promesa y regalarle la casa a la humilde Halima.

Aquel día, muchos ciudadanos vieron volar una alfombra por los cielos de Isfahán, y desde entonces, allí y en muchas otras partes, se dice que las alfombras de Halima son mágicas y que vuelan, aunque la verdad, ya lo habéis visto, es otra.

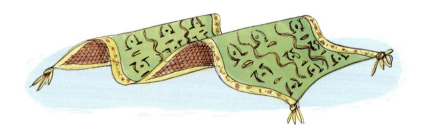

El hada y el ogro

En la orilla del estanque, lloraba el hada Celina.

—¡Ay qué desgraciada soy!

Lloraba con tal desesperación que las demás hadas corrieron a su encuentro para ver qué le ocurría.

—¡El amor de mi vida! —les contó—. ¡El más guapo del bosque! ¡Me ha dado calabazas! ¡Dice que soy muy fea!

Las hadas revolotearon incapaces de creer lo que escuchaban.

—¿Cómo es posible? —exclamó Levia, el hada de las flores—. Si tú eres el hada más hermosa. ¿Quién es el insensato que se ha atrevido a rechazarte?

—¡Ay! —suspiró Celina—. El ogro Rufo, que vive en la cueva junto al arroyo.

—¿El ogro Rufo? —gritaron todas a la vez—. ¡Pero si es el más feo entre los feos!

—¿Qué decís? —protestó Celina—. ¡Es mi príncipe azul! ¡Con esa barriga! ¡Y esa calvorota! ¡Y todas esas verrugas! Yo en cambio soy tan fea que no merezco su amor.

Las hadas abrieron los ojos como platos. Estaba claro que Celina se había vuelto loca de remate. Y con muy buena voluntad, intentaron convencerla de que el ogro Rufo no era un buen partido para ella. Pero no hubo manera. Celina estaba tan enamorada.

—Está bien —dijo al fin Levia, cansada de discutir.

Agitó entonces su varita mágica en el aire, rozó con ella la nariz de Celina, y tras unas cuantas chispas y destellos mágicos, le creció a Celina una enorme verruga en el lugar exacto donde la había tocado.

—¡Pero qué has hecho! —protestó Celina, al verse reflejada en el estanque.

–¿Acaso no lo sabes? Los ogros solo se enamoran de las brujas pirujas más feas. A lo mejor así tienes más posibilidades.

–¿De veras? –dudó Celina.

–Un momento –interrumpió Nubia, el hada de las aguas cristalinas–. Todavía falta un detalle.

Nubia también agitó su la varita y tocó con ella la preciosa melena de Celina. En un abrir y cerrar de ojos, el cabello de Celina se había convertido en un estropajo.

Se escucharon entonces varias risas de hada, y hasta Celina se sonrió al verse, aunque todavía no estaba muy segura de que aquel plan fuese a funcionar. El entusiasmo, sin embargo,

contagió a las demás hadas, y todas quisieron colaborar en la transformación de su amiga. Le cambiaron la nariz y los dientes, le hicieron crecer cuatro largos pelos en la barbilla y tres en una oreja, y convirtieron su hermoso vestido de seda en una harapienta vestimenta negra. Cuando terminaron, la rodearon para contemplarla.

—¡Celina! ¡Estás irreconocible! –dijo Nubia.

—Espero que nuestro plan funcione –intervino Levia–. Si no, nos costará mucho trabajo deshacer todos estos hechizos.

Celina no dijo nada, pero sonrió a sus amigas, agradecida.

—Bueno –siguió Levia–. Ahora solo falta que el Ogro te vea.

—Sí –suspiró Celina–. Vamos allá.

Las hadas volaron hasta la cueva del ogro pero, antes de llegar, se separaron y buscaron un escondite. Cuando Celina se quedó sola, se acercó a la cueva.

El ogro Rufo estaba recostado en la entrada echando una siestecita de media mañana. Sus ronquidos y resoplidos hacían temblar las ramas de los árboles cercanos.

«¡Qué guapo está cuando duerme!», pensó Celina.

Se aclaró la garganta y con su nueva voz de bruja dijo:

—Disculpe, ¿es esta la cueva del ogro Rufo?

—¡Qué pasa! –gruñó el ogro–. ¿Quién pregunta por mí?

Como suele ser habitual en esta clase de criaturas, el ogro se había despertado de bastante mal humor. Pero, en cuanto vio frente a su cueva a una bruja tan piruja, su expresión cambio por completo. Se levantó en seguida y se sacudió, coqueto, los pantalones.

–¡Sí, sí! Es aquí –dijo–. Yo soy Rufo. ¿A qué se debe esta visita tan inesperada? Y de una bruja tan… tan… piruja.

Celina no se lo podía creer. ¡El ogro Rufo le había echado un piropo! Y con chiribitas en los ojos, y un poco sonrojada, el hada–bruja intentó improvisar:

–Qué amable, señor ogro. Bueno, verá yo vine porque… porque…

¡Qué fallo! No se le ocurría ninguna excusa. Por suerte, el propio Rufo acudió en su ayuda.

–¿Por qué no pasa y le enseño mi cueva? Tengo una sopa de ancas de rana en el puchero. ¿Qué le parece? La invito a comer.

–¡Estupendo! –exclamó Celina.

Desde sus escondrijos, las hadas vieron desaparecer a Rufo y a Celina cueva adentro, y ya no tuvieron ninguna duda de que su plan había funcionado a la perfección. Rieron de felicidad, llenando el bosque con el sonido de cascabeles de sus risas.

Así fue, ni más ni menos, como Rufo y Celina vivieron felices para siempre en la cueva junto al arroyo. Y desde entonces se sabe que no hay que temer a las brujas más pirujas, porque son hadas enamoradas de algún ogro.

La bruja presumida y el sapo príncipe

En todos los bosques hay siempre un rincón más oscuro. Y es ahí donde las brujas tienen sus cabañas. Espátula, la de este cuento, no era ninguna excepción, ni en esto ni en casi ninguna otra cosa típica de las brujas. Como cualquier otra bruja, tenía una verruga en la punta de la nariz, cuatro pelos en la barbilla y más arrugas que una pasa. Pero Espátula, además, era muy corta de vista. Tanto que algunas veces, cuando pasaba por delante de su espejo, saludaba convencida de que se había encontrado con una amiga.

–¡Hola, bruja piruja! –le decía al espejo, creyéndose que era la ventana–. ¡Cuánto tiempo sin verte! Pasa y tomaremos el té.

Lo que más le gustaba a la bruja Espátula era tomar el té con sus amigas, pero como normalmente invitaba a su reflejo del espejo, solía tomarlo sola.

¿Qué tenía de especial la bruja Espátula?, te preguntarás. Pues bien, resulta que, a pesar de ser una bruja, Espátula era muy presumida; y en realidad no le faltaban pretendientes, entre los brujos más pirujos, claro. Más de uno había ido hasta la tenebrosa cabaña de Espátula con un gran ramo de flores marchitas –ninguna bruja lo aceptaría de otro modo–. Pero todos sus pretendientes habían tenido que dar media vuelta con más calabazas que una huerta.

–¡Quita, quita! –les decía–. Como me voy a casar con un brujo. Yo espero a un príncipe. O a un marqués, por lo menos.

Y así, espera que esperarás, Espátula seguía soltera y su lista de pretendientes iba disminuyendo. Pero, entre ellos había uno, el brujo Rastrojo, que tenía muy, pero que muy mal carácter. Tan mal carácter que el día que Espátula lo rechazó, lo marcó bien negro con un carbón en su calendario, y juró que al año se vengaría.

–¡Uy sí, qué miedo! –se burló Espátula–. Dentro de un año yo ya estaré casada con algún príncipe.

Espátula fantaseaba, desde luego. Y fantaseando transcurrió el año entero. Espátula ya se había olvidado de Rastrojo, pero el brujo no había olvidado su promesa y tenía un plan para cumplirla.

El día fijado, pues, se acercó sigiloso a la cabaña de la bruja, que andaba por su seco jardín.

–Laralá lará… –canturreaba–. Pronto un príncipe azul vendrá y con él me llevará…

–El escenario perfecto –dijo el brujo, oculto tras un árbol–. Mi plan no puede fallar.

Y, en voz baja, para que Espátula no lo oyera, recitó el conjuro para tener voz de príncipe:

«¡Hechizo que hechiza
y encanto que encanta,
como la de un bello príncipe
sonará mi garganta!»

Y dicho esto, se dirigió hasta donde estaba Espátula.

–¡Pero qué ven mis ojos! –dijo–. ¡Qué hermosa doncella!

–¿Es a mí? –preguntó sorprendida la bruja, girándose.

–¿Y a quién si no? –siguió Rastrojo con su comedia–. Soy un príncipe extranjero y no conozco este lugar, pero dudo que haya otra más bella.

–¡Un príncipe! –exclamó Espátula–. ¡Por fin! ¡Uy, señor príncipe, no sabe cuánto tiempo hace que le espero! ¿Por qué no pasa y tomamos un té?

Rastrojo tuvo que esforzarse para no echarse a reír. Aceptó la invitación y en un periquete se encontró sentado a la mesa de Espátula, esperando el té.

«Esta es la mía, la invitaré a dar un paseo y así todo el mundo me verá con ella», pensó el brujo.

–¿Por qué no damos un paseo, bella princesa? –propuso Rastrojo.

–Claro, claro –contestó Espátula desde la cocina–. Pero primero tomemos el té. Tomar té en compañía es lo que más me gusta.

Con la emoción, Espátula había mezclado todas las hierbas que tenía en la infusión que sirvió a Rastrojo, aquello era cualquier cosa menos un té. Pero el brujo, que nada sabía, apuró la taza de un sorbo para acortar la visita.

Y bien corta sería. Aunque las cosas no salieron como Rastrojo había planeado. Y es que las hierbas mezcladas en la infusión tuvieron un efecto inesperado. El cuerpo del brujo se encogió, su piel se volvió verde y viscosa, y su lengua se estiró como un matasuegras. En pocas palabras: se convirtió en un sapo.

Espátula, corta de vista y feliz, no se dio cuenta de nada y siguió hablando como si tal cosa:

—En seguida saldremos a pasear, pero primero conozcámonos un poco. ¿No le parece, príncipe? Por ejemplo, usted, ¿de qué reino viene?

–Croac –dijo el brujo, incapaz de decir otra cosa.

–¿Croac? No conozco ese reino. ¿Queda muy lejos de aquí?

–Croac –insistió Rastrojo, empezando a saltar.

–¿Cómo? ¿Pero adónde va, señor príncipe? ¿Por qué sale por la ventana? ¡Espere! ¡Espere!

El brujo–sapo, muerto de vergüenza, huyó brincando y la bruja Espátula lo persiguió durante toda la tarde. El bosque entero la vio siguiendo a un sapo gritando ¡Príncipe! ¡Príncipe! y así fue como, desde entonces, todos creen que las brujas convierten a los príncipes en sapos.

Bruno, el gnomo respondón

Muchos creen que todos los gnomos son amables y serviciales, y que viven en las setas. Pues bien, esta historia te demostrará que ninguna de las dos cosas es del todo cierta.

Desde luego que no todos los gnomos son amables y serviciales, también hay gnomos cabezotas y respondones, siempre los hubo; y el más respondón de todos fue el gnomo Bruno, quizá porque llevaba ya el "no" escrito en su nombre.

El gnomo Bruno era capaz de cualquier cosa con tal de no hacer lo que le decían. Por poner algún ejemplo, solía dormir de día y velar de noche, se comía la sopa con tenedor y la carne con cuchara, y hasta se había acostumbrado a usar el zapato izquierdo en el pie derecho, y el derecho en el izquierdo. Durante un tiempo, trató también de ponerse el gorro al revés, apoyando la punta en la cabeza. Pero tenía que andar haciendo equilibrios todo el rato, y como llevaba los zapatos al revés, terminaba siempre de bruces en el suelo.

«¡No es nada fácil ser tan rebelde!», pensaba con un poco de orgullo.

Un día que paseaba por el bosque comiendo semillas de uva y tirando la pulpa al suelo, se encontró con Damián, el único gnomo que todavía tenía paciencia para hablar con él.

—Hola Bruno —saludó Damián.

—¡Adiós! —respondió Bruno, incapaz de controlarse.

Por suerte, Damián ya estaba acostumbrado a sus respuestas fuera de lugar y no le dio importancia.

—¿Por qué no has venido a la reunión de esta mañana? —quiso saber.

A lo que Bruno contestó:

—¡Porque no!

Damián siguió como si no lo hubiera oído.

—Bueno, como quieras. De todos modos te advierto sobre lo que se ha dicho. La serpiente Culebrina vuelve a merodear por el río, así que es mejor que vayas con cuidado, ya sabes lo glotona que es, y cuánto le gustan los gnomos.

—¡Iré con cuidado si quiero! —respondió Bruno.

—¡Pero qué respondón eres! —se exasperó Damián.

—Apártate —le dijo Bruno—. Ahora mismo, me voy a dar un chapuzón al río.

Damián pensó en detenerle, pero estaba tan cansado de ser amable y no recibir más que los desaires de Bruno, que dejó que se fuera.

—¡Que no vaya al río! —se decía Bruno— ¡Iré si yo quiero!

Y, aunque el día no invitaba al baño y el cielo estaba tan encapotado que costaba saber si era por la mañana o por la tarde, Bruño se acercó protestando hasta la orilla.

Antes de desvestirse, sin embargo, miró bien a la derecha y a la izquierda para asegurarse de que estaba solo. No le temía a la serpiente, no, era demasiado rebelde para eso. Y tampoco le daba vergüenza que lo vieran en paños menores. Ocurría

que, a pesar de su rebeldía, sus padres habían conseguido enseñarle a ser muy cuidadoso con la ropa, y Bruno no quería que nadie lo supiera, pues le parecía que eso acabaría con su imagen de respondón.

–¡Faltaría más! –refunfuñaba mientras colgaba el jersey y los pantalones en una seta.

Eso sí, para no perder del todo su condición de rebelde, procuró que fuera una seta bien venenosa. Colocó luego los zapatos a un lado y el capuchón encima.

–¡Qué rabia! –se dijo Bruno al contemplar el cuadro–. En esto no soy nada rebelde. Espero que, por lo menos, no lo vea nadie.

Y así, avergonzado de ser tan ordenado, corrió hacia la orilla y se zambulló con un gran chapuzón.

No lejos de allí merodeaba, efectivamente, la glotona serpiente Culebrina. Mal podía terminar Bruno en aquella historia si la serpiente le echaba el ojo, Culebrina era tan glotona que, en cuanto veía algo que llevarse la boca, se le tiraba encima sin contemplaciones.

Ocurrió pues, que al divisar un gorro de gnomo, la serpiente, cegada por la gula, dio por seguro que lo que habría debajo sería un gnomo y, relamiéndose, se arrojó sobre la seta con la boca bien abierta.

–¡Puaaaj! –escupió al instante– ¡Un gnomo caducado!

Bastó con eso, sin embargo, para que el veneno de la seta surtiera efecto. A Culebrina le entró un terrible dolor de barriga, y escapó despavorida del lugar.

–¡Qué horror! –gritaba en su huída–. ¡Nunca más pruebo un gnomo!

Bruno empezó a reírse a carcajadas al ver a Culebrina salir corriendo, hasta que se dio cuenta de que se había comido su ropa. Aunque en seguida se repuso, pues le pareció que sería muy rebelde andar en calzoncillos por el bosque.

Así fue como el gnomo Bruno salvó a los suyos de la glotona Culebrina. Y desde entonces se sabe que los gnomos no viven en las setas, como muchos piensan, sino que las usan de percha cuando van a bañarse al rio.

Por qué las torres de los castillos son puntiagudas

Hace mucho, mucho tiempo, vivió en el Reino de Ligustro el dragón más bonachón y pacífico que haya existido jamás. A este dragón no le gustaba rugir, ni escupir fuego, ni raptar bellas princesas. Se pasaba los días tumbado a orillas de un lago cercano al castillo, y se entretenía haciendo pompas de jabón con su enorme narizota. El tamaño de las pompas era tan espectacular, y se mantenían tanto tiempo sin explotar, que el dragón se hizo famoso por sus pompas y todos los vecinos del reino lo acabaron llamando Pomposo.

No hay ni que decir que el rey de Ligustro estaba muy contento de que el dragón del reino fuese tan bueno, sobre todo cuando veía que los habitantes de otros reinos eran atacados por sus dragones. En cambio, él tenía otro problema: su hija, la princesa Jacinta. La princesa era muy enamoradiza y se enamoraba cada dos por tres de un príncipe distinto.

–¡Tú no lo entiendes, papá! –decía con grandes aspavientos–.
¡El príncipe Patricio es el amor de mi vida!

–Pero hija mía –le respondía el rey–, este es el tercer novio del
que me hablas en una semana. ¡Ya hemos cancelado quince
bodas este mes!

Llevaban horas discutiendo por lo mismo pero la princesa no
entraba en razón. Con una mano en la frente y expresión de
ofendida, replicó:

–Basta. Me voy a la torre, a llorar por mi amor. ¡Ay, Patricio!
¡Patricio...!

El rey se quedó muy preocupado, pues no le gustaba ver sufrir
a su hija. Por suerte, Bradamante, el mago del castillo, había

presenciado la escena, y tras pensar un momento, dio con la solución.

–No os preocupéis, mi rey –le dijo al monarca–. Conozco una pócima ideal para estos casos. Solo necesito algunas hojas de las ramas más altas de un nogal.

El rey lo escuchó muy agradecido y lo envió en busca de las hojas. Cuando se quedó solo en el salón del trono, se acercó a la ventana para vigilar a la princesa Jacinta que ya había llegado a lo alto de la torre. Pero lo que vio, lo dejó helado. La princesa lloraba a moco tendido y no se daba cuenta de que el viento, caprichoso, estaba acercando las enormes pompas de Pomposo hacia la torre. Y la más grande de todas iba derecha hacia la ventana de la princesa.

–¡Cuidado! –gritó el rey.

Pero su hija no tuvo tiempo de reaccionar, la pompa de jabón se le echó encima y, en lo que tarda un mosquito en pestañear, se encontró dentro de la pompa, volando por los aires.

–¡A mí la guardia! –gritó el rey.

Y, con el monarca a la cabeza, todos salieron en busca de la enorme pompa de jabón.

–¡Se dirige al precipicio! –advirtieron preocupados–. ¡Hay que darse prisa!

Los caballeros aceleraron el paso hasta colocarse justo debajo de la pompa, pero ninguna de sus lanzas era lo bastante

larga para hacerla estallar, y la princesa siguió así su vuelo en dirección al precipicio.

–¡Socorro! –gritaba Jacinta.

–¡Está perdida! –lamentaban ya algunos.

Entre la princesa y el precipicio quedaba tan solo un árbol solitario.

–Si esas ramas pudieran detenerla... –murmuraba el rey, desesperado.

La pompa sobrevolaba los brotes más altos del árbol que, por cierto, era un nogal, cuando de repente, entre las ramas de la copa, asomó la cabeza del brujo Bradamante.

–¿Qué es todo este escándalo? –preguntó–. ¿Es que ya no se pueden coger hojas de nogal en paz?

La cosa tampoco hubiera pasado de ahí si Bradamante no hubiese llevado puesto su gorro de mago, alto y puntiagudo.

La suerte quiso que asomara la cabeza en el preciso momento en que pasaba por encima Jacinta dentro de la pompa de jabón.

¡Pluf! Se escuchó. Y la princesa cayó a salvo sobre las ramas más altas.

Todo fueron felicitaciones para Bradamante, que se repitieron cuando su pócima tuvo efecto y la princesa dejó de enamorarse del primero que pasaba.

Para evitar que volviera a ocurrir otro accidente de aquel tipo, el rey ordenó rematar todas las torres del castillo con unas caperuzas puntiagudas. Su obra fue tan admirada en todas partes, que se puso de moda, y muchos reyes le imitaron. Muy pronto todos los castillos dignos de tal nombre, terminaron teniendo torres puntiagudas, aunque pocos, muy pocos, saben la razón.

El huevo saltarín

Mamá Cisne había puesto huevos. Hacía varios días que los esperaba y les había preparado un hermoso nido de tallos verdes y flores. Pero como aquella era su primera puesta, no tenía demasiada experiencia, y nadie le había explicado que era peligroso hacer el nido en la ladera de un monte.

Ocurrió además que uno de los huevos había salido más movido que el resto y, a los pocos días, comenzó a agitarse. Mamá Cisne, extrañada, se levantó.

—¿Será que ya quiere nacer? —se dijo. Y con el pico muy tieso, lo observó de cerca.

El huevo se agitaba y brincaba como si estuviera repleto de muelles. Mamá Cisne se hizo a un lado. Y en esas, el huevo dio un brinco más alto que los anteriores, y se salió del nido. Nada habría ocurrido en el llano, pero estando en la ladera del monte, el huevo saltarín echó a rodar ladera abajo. Mamá Cisne lo persiguió corriendo todo lo que pudo, mientras el

huevo rodaba cada vez más y más deprisa.

–¡El pobrecillo se va a romper! –se lamentaba el ave.

Sin embargo, aquel huevo era el huevo más afortunado que jamás existió, y cuando dejó la ladera fue a parar a un lago en cuyas aguas se hundió blandamente. Mamá Cisne se zambulló en seguida, pero solo alcanzó a ver como un pez grande y dorado devoraba su huevo de un solo bocado.

–¡Está perdido! –exclamó.

Olvidaba que aquel huevo era

el más afortunado de su especie. Y tampoco contaba con ello el señor Pez que, apenas se lo hubo tragado, tropezó con un alga y le entraron unas ganas terribles de estornudar.

–Aaaa… Aaaa… ¡¡¡Achús!!! –estalló al fin, y el huevo salió disparado fuera del agua.

Tan alto voló que a nadie le habría extrañado verlo hecho añicos. Pero, aquel era el huevo de la suerte, y su vuelo terminó en las mullidas hojas de un alto peral.

Justo en ese momento, por debajo del peral, pasaba el señor Zorro, que al ver algo tan grande y reluciente agitán-

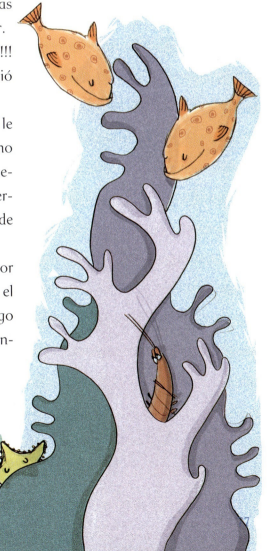

dose entre las ramas, confundió el huevo con una pera madura.

–¡Humm! ¡Qué jugosa pera! Creo que ya sé lo que voy a desayunar hoy –se dijo, y empezó a agitar el árbol con todas sus fuerzas.

Le bastó aquello al huevo para tambalearse y terminar de caer. El zorro abría ya sus fauces y se relamía el hocico. Cualquiera habría dado por seguro que aquel era el fin del huevo. Cualquiera, claro, que no conociera su suerte. Muy cerca de allí volaba un águila, y al ver caer algo de un árbol, lo tomó por un polluelo. Rauda como solo lo son las águilas, hizo un picado y lo agarró justo antes de que terminara en la boca del zorro.

Remontó el vuelo el ave, a toda velocidad, y ya estaba lejos cuando se dio cuenta de que entre sus garras no había un blando polluelo, sino una cosa extraña y dura.

–¡Menudo chasco! –dijo.
Y, sin siquiera mirarlo, arrojó el huevo al vacío. ¡Qué alto estaba! ¡Y qué deprisa caía! No había ninguna duda de que aquel era su fin. Y así habría sido para otro, pero no para nuestro huevo, que justo aterrizó sobre la señora Oveja, la más lanuda de toda la pradera, en el momento en que echaba una cabezadita.

–¡Beee! –baló desvelada por el impacto.

El huevo había quedado muy bien escondido entre el pelaje, y como era tan blanco, la señora Oveja, no lo vio. ¡Qué cómodo y qué calentito estaba! ¿Por qué no se quedaría quieto? Ah, pero así era aquel huevo. Se agitó y se agitó hasta que la señora Oveja no pudo más de tanto que le picaba el lomo.

–Don Pájaro Carpintero –le dijo entonces a un ave que estaba agujereando un tronco con su largo pico–. ¿Podría rascarme un momento el lomo? Hace ya rato que me pica.

Muy diligente, el pájaro se subió encima de la oveja y le comenzó a rascar con el pico. ¡Qué afilado instrumento! ¿Sería ese el desdichado fin de nuestro huevo? Así habría sido, seguro, sin su suerte. Resultó, sin embargo, que el pájaro con su pico le hizo cosquillas a la señora Oveja, que rió y rebrincó de tal forma que el huevo cayó rebotando sobre la suave hierba cerca de un río caudaloso y profundo. Seguro que un huevo menos afortunado se habría hundido en él. Pero no este, que con su suerte, terminó justo en la orilla o, mejor dicho, en el nido de una familia de patos que había en la orilla.

Y de allí, agotado, ya no se movió más… al menos durante un rato.

¡Qué suerte que aquel huevo de cisne terminara en un nido de patos!, pensaréis. Y tenéis razón, pues así, y no de otra forma, pudo empezar el cuento del patito feo.

La abeja Florencia

La abeja Florencia estaba muy orgullosa de su nombre.
—Florencia es un nombre estupendo para una abeja.
No se me ocurre otro mejor. Quizás Rosa o Amapola.
No, no, el mío es mejor—, se decía.

El caso es que Florencia, a parte del nombre, no tenía muchas otras virtudes de abeja. Sus compañeras de la colmena eran todas muy trabajadoras, y empleaban la mayor parte del día en recolectar polen para fabricar miel. Florencia en cambio era tan perezosa, que con agitar las alas un par de veces seguidas ya se sentía cansada.

—¿Por qué no harán miel las hormigas? —pensaba—. Así nosotras, las abejas, podríamos descansar o volar por el prado sin preocuparnos de nada.

Lo que más le gustaba era imaginar excusas para quedarse en la colmena, aunque le salían siempre tan fantasiosas, que luego no se atrevía a usarlas.

Un día le tocaron las flores más difíciles de recolectar, los dientes de león, y pensó:

—Mañana no salgo de la colmena en todo el día, para compensar. Y cuando me pregunten dónde estaba les diré... que un ejército de escarabajos voladores vino a apoderarse de la colmena, y que tuve que quedarme yo sola a defenderla. ¡Yo sola contra todo el ejército!¡Pim! ¡Pam!

Distraída con eso, Florencia se fue alejando de sus compañeras y, cuando se quiso dar cuenta, se encontró más perdida que una lenteja en un plato de garbanzos, pero su pereza la salvó de asustarse.

–¡Florencia
–pensó–, aquí no
te encuentra nadie!
¡Hoy tampoco trabajas!
La idea la llenó de alegría, y
se puso a revolotear sin ton ni son entre los
árboles. Claro que revolotear en el bosque es más peligroso
que hacerlo en un prado, y sin darse cuenta, la abeja Florencia
se vio atrapada en la tela de una araña.

–¡Vaya! –protestó, moviendo las alas con desespero. Pero
aquella tela era tan pegajosa que no había manera de desha-
cerse de ella–. Esto sí que no me lo esperaba... –refunfuñó al
fin.

Sin embargo, lo peor aún estaba por llegar. Por un extremo de
la tela asomaron las ocho patas peludas de una araña negra
como el carbón. Esta vez, Florencia sí que se asustó.

–¡Madre mía! ¡Tengo que salir de aquí!

Pero cuanto más se revolvía, más atrapada en la tela se quedaba. Mientras que la araña se acercaba con los pasos tranquilos de quien sabe que su presa no tiene escapatoria.

–¡Socorro! –gritó entonces Florencia.

Se creía perdida. ¡Cuánto lamentó entonces toda su holga-zanería! ¡Qué rabia le dio no haber tenido un poco más de voluntad! Muy poco la separaba ya de las patas de la araña cuando... ¡Zas! La telaraña se desgarró y ambas salieron dis-paradas. Florencia tardó un momento en ver que su salvadora había sido la zarpa de un oso.

—¡Muchas gracias! —le dijo al oso mientras se sacudía las alas—. Pero, ¿por qué me has salvado?

El oso, que la miraba con una sonrisa de oreja a oreja, le respondió:

—Tú eres una abeja, ¿verdad? Y las abejas hacen miel, ¡mi manjar favorito! ¡Cómo no iba a salvarte!

Florencia le miró sorprendida, y también un poco avergonza-da, pues en su vida de holgazana, no había hecho más que una gota de miel o quizás menos.

—Y dime, abeja, tengo curiosidad. ¿Hay que recolectar el néc-tar de muchas flores para fabricar la miel? —la interrogó el oso con los ojos muy abiertos.

—Sí, claro... —contestó Florencia, insegura.

—¡Ah! ¿Y polen? ¿Hay que recoger mucho polen?

—Sí, muchísimo... —respondió la abeja, con la mirada triste.

—¿Y cuántas flores se necesitan para...? —siguió preguntando el oso.

Pero no pudo terminar la pregunta, porque Florencia rompió
a llorar.

–¡No lo sé! –reconoció entre sollozos–. ¡Yo nunca quiero trabajar! ¡No habré hecho más que una gota de miel en toda mi
vida...! ¡No merecía que me salvaras!

Pero cuando levantó la vista, descubrió que el oso la miraba con una sonrisa.

–¿Te ríes de mí...? –preguntó con timidez.

–No, no. Pensaba en lo que has dicho. ¿Dices que solo has hecho una gota de miel en toda tu vida?

–Sí... –admitió la abeja.

–Pensaba entonces en cuánta miel te queda por hacer... ¡Y en lo rica que va a estar!

La respuesta del oso llenó a Florencia de alegría. Y desde aquel día, cada vez que le entraba pereza, se acordaba del oso y de su sonrisa.

Lo que Pulgarcito encontró en la panza de la vaca Romualda

Para aquellos que no lo sepáis, la vaca Romualda es una de las vacas más glotonas del mundo. Es tan glotona que es capaz de tragarse cualquier cosa. Y fue por su glotonería por lo que Pulgarcito acabó en su panza. Pero, ¿cómo consiguió salir de ella? Lee atentamente este cuento y lo descubrirás.

–Ñam, ñam –pastaba la vaca Romualda un buen día en un huerto de coles–. ¡Qué hambre que tengo!

Estaba tan hambrienta que engullía todo lo que encontraba a su paso y, sin darse cuenta de que entre las coles dormía el pequeño Pulgarcito, se lo tragó de un bocado.

Del zarandeo, Pulgarcito se despertó sobresaltado. Y al abrir los ojos se encontró totalmente a oscuras.

–¿Ya se ha hecho de noche? –se preguntó.

En esas, escuchó un zumbido y, de repente, lo deslumbró una luz amarillenta.

–¿Quién anda ahí? –preguntó una voz.

–¡Yo soy Pulgarcito! –exclamó–. ¿Y tú quién eres?

–Yo soy la luciérnaga Camila.

–¿Dónde estamos? –preguntó Pulgarcito.

–En la panza de la vaca Romualda –le explicó Camila.

–¡En la panza de una vaca! ¿Y qué hago yo aquí?

Asustado, se puso a correr de un lado para otro sin saber muy bien hacia dónde ir.

–¡Espera, espera! –trató de prevenirle la luciérnaga.

Pero Pulgarcito resbaló y cayó de bruces sobre un lecho de hojas de col.

–¡Dejen paso! ¡Dejen paso! –protestó un escarabajo pelotero que empujaba un tapón de botella entre las hojas.

–¡Sal y pimienta! ¡Sal y pimienta! –canturreaba, algo más allá, un saltamontes, aliñando las hojas de col antes de comérselas.

–Pero ¿qué hacéis vosotros aquí? –se sorprendió Pulgarcito.

–Es que Romualda es muy glotona –le respondió Camila, señalando a su alrededor.

Había montañas de objetos por todas partes: tapones, ruedas de patín, canicas, carretes de hilo...

—Esto parece más un almacén que una panza —dijo Pulgarcito.

—Sí... tienes razón —asintió Camila—. Como te decía, Romualda es un poco glotona y se lo zampa todo. Si no fuera por el escarabajo Rubén, que siempre está poniendo orden, no se podría vivir aquí.

—Paso, paso —dijo este, empujando un dedal.

—Y aquel es el saltamontes Fermín, al que solo le gusta comer cosas saladas y picantes.

—¡Sal y pimienta! —dijo Fermín, con la boca llena.

Pulgarcito lo saludó con la mano, sin dar crédito a lo que veía. Nunca se hubiera imaginado que en la panza de una vaca pudiese haber tanta actividad.

–Bueno, y ¿por dónde se sale de aquí? –preguntó.

De inmediato, en la barriga de Romualda se hizo el silencio. Fermín detuvo su canto, Rubén sus quejas y Camila su zumbido.

–¿Has dicho salir...? –preguntó el escarabajo con cara de miedo.

–¿Fuera? –dijo la luciérnaga a media voz.

Fermín, el saltamontes, se había escondido bajo una hoja de col y murmuraba:

–Sal y pimienta, sal y pimienta...

–¿Acaso preferís quedaros? –se extrañó Pulgarcito.

–¡Claro! Aquí estamos seguros –exclamó Camila.

–Y afuera hace frío –explicó Rubén.

–¡Sal y pimienta! ¡Sal y pimienta! –remató Fermín.

Pulgarcito no entendía por qué sus nuevos amigos pre-

ferían quedarse en ese lugar en vez de salir al aire libre. Pero como no tenía tiempo ni ganas de explicaciones, se despidió de ellos y se alejó en busca de una salida.

Los demás lo vieron marcharse con alivio. Llevaban tanto tiempo en la panza de Romualda que para ellos, aquel lugar, se había convertido en su hogar.

–¡Qué muchacho más valiente! –exclamó Camila.

–¡Ya lo creo! –replicó Rubén–. ¡Querer salir de aquí con lo calentito que se está!

Pero, en el fondo, Pulgarcito había despertado en ellos recuerdos de cuando vivían en el mundo exterior.

–¿Vosotros os acordáis cómo vivíais afuera? –insistió la luciérnaga.

–¡Hacía mucho frío! –recordó Rubén.

–Sí, pero a veces calentaba el sol –afirmó Camila.

–Es verdad –refunfuñó el escarabajo.

–Y había muchos lugares interesantes que explorar –recordó la luciérnaga, y la emoción le iluminó el ombligo.

–¡Y un montón de cosas distintas para empujar! –se entusiasmó Rubén.

–¡Sal y pimienta! –brincó Fermín–. ¡Sal y pimienta!

–¿A qué esperamos? –dijo Camila–. Vayamos en busca de Pulgarcito, sin nosotros no sabrá encontrar el camino de salida.

Dicho y hecho, los tres salieron en busca de Pulgarcito. Y no tardaron en encontrarlo, andando a tientas sin saber a dónde ir.

–¡Yo te iluminaré! –le ofreció Camila.

–Y yo te empujaré hasta la salida. Es por ahí, tenemos que llegar hasta la nariz de Romualda– dijo Rubén.

–¡Me he quedado atascado! –advirtió Pulgarcito al cabo de un rato.

Y era verdad, por mucho que empujara Rubén, Pulgarcito no se movía ni un milímetro. Por suerte, ahí estaba Fermín, que con un salto fabuloso, salpimentó la nariz de la vaca.

—¡Sal y pimienta!

Romualda, con la nariz salpimentada, soltó tamaño estornudo, que Pulgarcito y sus amigos salieron despedidos al exterior.

Y fue así, y no de otro modo, como Pulgarcito salió de la panza de la vaca Romualda.

El faquir Rastambani
y su dragón Girgit

Los habitantes de Urdut, en el desierto de la India, vivían atemorizados porque, desde hacía algún tiempo, el bandido Mufat les robaba cuanto tenían. Nada acostumbrados a defenderse, los aldeanos no sabían qué hacer, hasta que un buen día, mientras se encontraban reunidos intentando buscar una solución, llegó a su aldea el joven faquir Rastambani con su mascota, el lagarto Girgit, al hombro.

Rastambani, que era largo y delgado como un palo, se acercó a la asamblea y preguntó qué sucedía.

—¡No os preocupéis! —exclamó Rastambani después de escucharlos—. Tengo un plan infalible para deshacerme de ese malvado ladrón. Pero tendréis que ayudarme.

Los aldeanos lo miraron recelosos, pero estaban tan hartos de Mufat, que decidieron confiar en el faquir.

—Me instalaré en la cueva que hay en las afueras del pueblo. Cuando venga Mufat, decidle que os ha asaltado el gran

faquir Rastambani y su dragón, el temible Girgit. Decidle también que Girgit tiene un apetito atroz y que escupe fuego por la boca.

Y así lo hizo, Rastambani. Al atardecer se dirigió hacia la cueva y se instaló en ella.

Algo más tarde, los lugareños contemplaron intranquilos como una nube de arena se acercaba.

Sin duda, era Mufat, que galopaba a toda velocidad hacía la aldea.

–¡Aldeanos! –les gritó con voz grave–. ¡Estoy hambriento, dadme de comer! –ordenó.

Con espanto, los habitantes de Urdut respondieron lo ensayado.

–Lo sentimos mucho, Mufat, pero el gran faquir Rastambani y su dragón Girgit, de atroz apetito, nos han dejado sin provisiones.

–¿Rastambani? ¿Girgit? –se encolerizó Mufat–. Decidme, ¿dónde están ese faquir y su dragón?

–En la cueva de las afueras del pueblo –le indicaron.

Y, Mufat, sin perder ni un minuto, partió en busca del insolente que se atrevía a disputarle sus dominios.

–¿Quién es el terror de estas tierras? –iba preguntando Mufat a los aldeanos, esperando oír su nombre.

Pero todos habían sido muy bien advertidos por Rastambani, y siempre le contestaban:

–El gran faquir Rastambani, y su dragón, el temible Girgit, de apetito atroz...

Al principio, Mufat se enfadó muchísimo, pero cuanto más escuchaba esa respuesta, más se convencía de que Rastambani y su dragón debían ser en verdad muy poderosos. Poco a poco, el enfado se fue convirtiendo en miedo, y cuando llegó a la cueva estaba más asustado que otra cosa.

Bajó del caballo hecho un flan y se dirigió hacia la entrada, donde dormitaba Rastambani.

–¿Pero cómo? –se dijo entonces–. ¿Será este el faquir? ¡Y pensar que le tenía miedo!

La confianza dibujó una sonrisa en su rostro, y en seguida vociferó:

–¡Eh, dormilón! ¿Eres tú Rastambani?

Menos dormido de lo que parecía, el joven contestó:

–¡Así es!

–¿Tú eres quien pretende arrebatarme mis dominios? –se envalentonó Mufat.

–No, yo solo no –le respondió Rastambani–. ¿Acaso no te han hablado de mi temible dragón Girgit?

–Sí, me han hablado de él... –admitió el bandido, un tanto nervioso.

–Pues permíteme que te lo presente –dijo Rastambani, entrando en la cueva.

Una vez dentro, Rastambani le indicó con señas a su lagarto que se colocara entre la pared de la cueva y la hoguera que había estado preparando aquella tarde. De ese modo, cuando Mufat se acercó a la entrada lo que vio fue la sombra gigantesca de Girgit reflejada en la pared. Acto seguido, Rastambani, utilizando sus habilidades de faquir, escupió una bocanada de fuego. Al ver aquello, Mufat salió a escape aterrorizado y los habitantes de Urdut, jamás volvieron a verle.

Por qué los duendes tienen la nariz tan larga

A Enriqueta le encantaba la calle donde vivía. Una calle que no era ni muy ancha, ni muy estrecha; ni muy larga, ni muy corta; con edificios más bien altos, aunque no demasiado; fresca en verano y no muy fría en invierno. Enriqueta solía pasear por ella de la mano de sus padres, y solo se soltaba para acercarse al escaparate de la juguetería del señor Ramón. No lo podía evitar, siempre que pasaba por allí, se escapaba corriendo y se pasaba un buen rato con la nariz pegada al cristal.

«¡Cuántos juguetes tiene el señor Ramón! ¡Qué suerte!», pensaba Enriqueta.

Pero, en realidad, lo que más le gustaba a Enriqueta de su calle eran los árboles. Dos largas hileras, una en cada acera, que parecían no terminar nunca. Le daban ganas de convertirse en una ardilla y recorrer la calle entera, saltando de un árbol a otro. Además aquellos árboles eran muy especiales, en ellos vivían unos duendes diminutos que, por lo visto, solo

Enriqueta podía ver. Pequeños, orejones y con narices puntiagudas, los duendes también eran bastante traviesos y ataca-
ban con sus bromas a los transeúntes despistados. Enriqueta
era la única que casi siempre los descubría, y cuando los
duendes se daban cuenta, le guiñaban un ojo para que guar-
dará el secreto.

Y Enriqueta lo guardaba, porque le divertían mucho sus tra-
vesuras, y no quería estropearles ninguna.

Aquella mañana Enriqueta se despertó, como de costumbre,
un poco perezosa; aunque le alegró pensar que, para llegar
a la escuela, tendría que ir de una punta a otra de su calle.
Contenta, pues, bajó los escalones de tres en tres, abrió de

par en par la puerta de
su casa y… descubrió
algo terrible. Durante la
noche se habían llevado
los árboles y en su lugar
estaban poniendo unas
horribles farolas.

–¿Dónde vivirán ahora
los duendes? –se pre-
guntó con tristeza.

Preocupada, Enriqueta ins-
peccionó detenidamente la
farola que le quedaba más cerca,

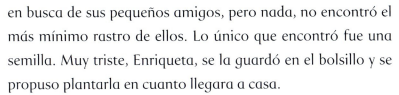

en busca de sus pequeños amigos, pero nada, no encontró el
más mínimo rastro de ellos. Lo único que encontró fue una
semilla. Muy triste, Enriqueta, se la guardó en el bolsillo y se
propuso plantarla en cuanto llegara a casa.

Y así lo hizo. Al terminar la escuela, le pidió una maceta a su
madre, plantó la semilla y la dejó en la ventana de su habitación. Por lo menos, si la semilla germinaba tendría un recuer-
do de sus queridos árboles.

Enriqueta regó su semilla todos los días, hasta que una mañana de primavera apareció el primer brote. Se puso tan contenta que estalló en gritos de alegría. La semilla estaba germi-

nando y muy pronto tendría su propio árbol. Con una sonrisa de oreja a oreja, se acercó otra vez a la maceta para contemplar aquel brote bien de cerca. Pero… lo que vio le dejó sin habla. Ese minúsculo bultito que salía de la tierra tenía un color extraño. Enriqueta lo frotó, le sacó un poco la tierra de encima y lo volvió a mirar…

–¡Ja, ja, ja! –rió la pequeña. Aquello no era el brote de un árbol, no, aquello que brotaba era ni más ni menos que la punta rosada y puntiaguda de una nariz diminuta. No había duda, en su maceta estaba creciendo un duende.

El sueño del pequeño príncipe

Hace mucho, mucho tiempo, en una aldea perdida en un valle, entre bosques y montañas, vivían un zapatero llamado Bernardo y su hijo, Martín. Como en la aldea había pocos niños y Bernardo trabajaba todo el día, Martín pasaba muchas horas solo.

—¿Por qué no sales a jugar al jardín? —le decía su padre desde el taller—. Pero no te alejes. Podrías perderte y el bosque está lleno de peligros.

Martín, obediente, salía cada tarde a jugar al jardín donde se imaginaba mil y una aventura en las que él siempre era el protagonista. Pero ese día llevaba algo que lo hacía especial. Su padre le había regalado un par de botas muy elegantes y Martín estaba muy contento.

—Con estas botas parezco un príncipe —se dijo Martín—. Y a eso voy a jugar hoy, a príncipes y dragones.

Y al decir eso, levantó los ojos hacia el cielo. Quiso el azar que una mariposa, dorada y brillante como tal vez no haya habido otra, cruzase en ese momento el jardín.

–¡Qué hermosa! Esa mariposa será mi princesa –exclamó Martín, y empezó a perseguirla con los brazos en alto.

Tan atraído se sentía Martín por la mariposa que, sin darse cuenta, cruzó la verja del jardín y se alejó, no solo de su casa, sino también de la aldea. Y, siguiéndola, llegó a un sombrío rincón del valle en el que se extendía un bosque. La mariposa atravesó un riachuelo y se posó en un árbol. Sin pensarlo dos veces, Martín se sacó las botas, las dejó en la orilla, y cruzó el riachuelo.

Lo que vio al otro lado, jamás lo olvidaría.

–No me atraparás –escuchó.

Al mirar hacia el lugar de donde provenía la voz descubrió dos setas que se perseguían la una a la otra, corriendo en círcu-

los alrededor de un árbol. Sí, habéis oído bien, las setas de aquel lugar hablaban. La más grande, de capuchón moteado de rojo, era más veloz, pero cada tanto se detenía para que la otra, de color pardo oscuro, la alcanzara.

«¡Las setas hablan!», se maravilló Martín, y quiso acercarse. Pero al verlo, las setas se escondieron en un agujero, y ya no salieron más.

—¡Ja, ja, ja! —se escuchó entre las ramas de los árboles.

Martín lleno de curiosidad miró hacia arriba. Eran la hojas de los árboles las que se reían. Y es que en aquel lugar las hojas se reían cada vez que el viento las acariciaba.

Entonces la mariposa alzó el vuelo de nuevo, adentrándose en aquel bosque encantado, y Martín la siguió.

Una vez más, la mariposa se le acercó y revoloteó por encima de su cabeza. Martín levantó los ojos y vio el cielo oscuro

punteado de estrellas. Entonces se dio cuenta de que se estaba haciendo de noche y debía regresar.

«Es muy tarde, tengo que volver a casa», pensó.

Y haciendo un verdadero esfuerzo, apartó los ojos de la mariposa y se dio media vuelta. Pero, antes de dar dos pasos, escuchó una voz que le hablaba con reproche.

–¿Cómo? ¿Me has seguido hasta aquí y ahora me abandonas? –dijo la mariposa, suspendida en el aire sin mover las alas–. Nadie me sigue tan lejos para luego abandonarme.

–Pero debo volver a casa –se excusó el muchacho.

–¡Nadie! –gritó la mariposa enfadada, transformándose en un feroz dragón que escupía fuego por la boca.

Martín, asustado, salió corriendo. Cuánto se arrepentía de haber desobedecido a su padre. Y corrió y corrió hasta caer exhausto. Cuando se despertó lo primero que recordó fue la imagen de aquel enorme dragón.

–¡El dragón! –gritó. Pero, al abrir los ojos, descubrió que estaba de nuevo en el jardín de su casa y que todavía no había anochecido.

–¡Me he quedado dormido!– exclamó –. ¡Solo ha sido un sueño!

Sin embargo, al bajar la vista hasta sus pies, se dio cuenta de que estaba descalzo.

–Pero, si ha sido un sueño, ¿dónde están mis botas?

La princesa Ricota y el pastelero que fabricó la casita de chocolate

Romualdo Ricota era el mejor pastelero de mundo. Sin embargo, Romualdo no era del todo feliz. El hubiese preferido luchar contra dragones y salvar princesas en apuros en vez de estar rodeado de azúcar, harina y chocolate todo el día. Pero Romualdo no pudo elegir su destino porque era hijo, nieto, bisnieto y hasta tataranieto de pasteleros y en aquellos tiempos las cosas funcionaban así. Y Romualdo tuvo que aprender el oficio de su padre, como su padre lo había aprendido de su abuelo.

–¡Ay!, lo que daría por ser caballero… –suspiraba con la nariz y las mejillas empolvadas de harina.

Para consolarse, Romualdo empezó a hacer caballeros y castillos de chocolate, y princesas y dragones de azúcar. Los hacía con tanto esmero que en poco tiempo se convirtió en el pastelero más famoso del reino. Gentes de todas partes se acercaban a su taller para contemplar sus obras maestras y las ventas no podían ser mejores.

Pero Romualdo contemplaba su próspero negocio con una sonrisa un tanto triste.

–Desde luego, no puedo quejarme –se decía–. Soy un pastelero rico. ¡Aunque preferiría ser un caballero pobre!

Y he aquí que, por entonces, llegó a sus oídos una noticia que le cambió la expresión. El rey buscaba marido para su hija, la princesa, y convocaba a todos los caballeros del reino a un torneo.

–¡Es mi oportunidad! –se entusiasmó Romualdo. Aunque reconoció que no lo iba a tener fácil. ¿Cómo conseguiría la armadura y las armas?

Pero Romualdo no desesperó y tras mucho pensar dio con la solución.

–¡Ya lo tengo! –exclamó, y en un abrir y cerrar de ojos había reunido todos los ingredientes para fabricarse... ¡su equipo de caballero! Y como era tan buen pastelero, el resultado fue espectacular. La armadura era de un chocolate tan oscuro y brillante que parecía de alabastro, la espada, de azúcar finísimo y blanco como el marfil, y en el yelmo, los caramelos engarzados brillaban como diamantes.

–¡Magnífico! –exclamó al verse en un espejo. Con semejante atuendo parecía un caballero de verdad.

Y así vestido llegó a las puertas del castillo. Con el yelmo puesto nadie lo reconoció y los guardias de la entrada le abrieron paso admirados por el lujo de su armadura. Romualdo no se lo podía creer. En el patio del castillo, los caballeros se entrenaban para el torneo: a caballo unos y otros a pie. Romualdo creyó estar viviendo un sueño, incluso el sol parecía brillar con más fuerza. Por desgracia, a su armadura no le convenía demasiado aquel calor, y cuando se quiso dar cuenta, se encontró rodeado de un charco de chocolate: ¡su armadura se estaba derritiendo!

–¡Ja, ja! –rieron, al verlo, los demás caballeros.

–¡El caballero golosina! –apuntó uno.

–¡Demasiado dulce para un torneo! –bromeó otro.

Romualdo, muerto de vergüenza, miraba a su alrededor. ¡Sí, le había ocurrido una desgracia! Pero no le pareció que reírse de él fuera digno de un caballero.

–¡Caballeros! –les pidió– No es digo reírse de los desafortunados. Pero, mientras lo que quedaba de su armadura y de sus armas se derretía a sus pies, el patio del

castillo estalló en una carcajada. Tan solo la princesa contemplaba a Romualdo con tristeza.

–¡No me esperaba esto de unos caballeros! –gritó Romualdo, más enfadado que apenado. Y dicho eso, se alejó del castillo.

Pero este no es el final de la historia. Según se cuenta, a la mañana siguiente, la princesa no se presentó al torneo. El rey y los caballeros la buscaron por todo el castillo pero lo único que encontraron fue un caballito de chocolate sobre su cama con una nota que decía: «He elegido al más dulce de los caballeros».

Solo los que se aventuraron en las profundidades del bosque volvieron a ver a Romualdo y a su princesa. Y según contaron a su vuelta, allí viven felices, en una casita de chocolate que fabricó el pastelero.

El espantapájaros y los ratones

El ratón Bartolo vivía en el jardín de una casa grande y destartalada. Aquella tarde, Bartolo decidió echarse una siesta sobre una rama del único árbol del jardín.

—Así no corro riesgo de que me pisen —pensó.

Ya estaba medio dormido, cuando escuchó un gemido. Abrió un ojo y vio que en la misma rama, un pájaro temblaba.

—¿Qué te ocurre? —le preguntó—. ¿Tienes frío?

—N... no —gimoteó el ave, hecha una bola de plumas—. ¡Tengo miedo!

—¿Y de qué tienes miedo? —le preguntó, intrigado.

—¿No lo ves? —se quejó el ave, señalando el centro del jardín.

Hacía un par de días la dueña de la casa había plantado allí un espantapájaros.

—¡Ja, ja! —se rió Bartolo— ¡Pero si es un muñeco! Mira, la cabeza es una calabaza, la ropa que lleva está rellena de paja y se sostiene atado a un palo...

–¡Ya lo sé! –replicó el pájaro–. Pero no puedo evitarlo,
me da miedo. ¡Hace dos
días que no bajo de esta
rama!

–Vamos, vamos –le dijo
Bartolo–. Si tuvieras que huir del
gato...

–¡Bah, el gato...! –le contestó–. Mi amiga el
águila lo atraparía con sus garras, lo llevaría a la montaña
más alta y lo dejaría allí para que no volviese a molestarte.

Bartolo imaginó lo mucho que le gustaría ver al gato en semejante situación y se le ocurrió una idea.

–Escucha, pájaro –dijo–. ¿Qué te parece si yo te libro del
espantapájaros y, a cambio, tú me libras del gato?

El ave lo miró con desconfianza.

–¿Cómo me vas a librar tú, ratón minúsculo, de un espantapájaros tan grande? –le preguntó.

–¡Te traigo su cabeza esta misma noche! –replicó Bartolo.

El pájaro, por un momento, dejó de temblar y, reconfortado
ante la confianza del ratón, sonrió.

–¡Trato hecho! –exclamó.

Bartolo bajó entonces a toda prisa por el tronco del árbol y se
dirigió al centro del jardín.

–Vaya... –murmuró–. Un poco de impresión sí que da...

Pero Bartolo respiró hondo y se puso dientes a la obra: comenzó a roer el palo que sostenía al espantapájaros.

¡Ric–ric!

Al cabo de un buen rato, Bartolo comprendió que solo no lograría derribarlo, así que fue a buscar un ratón amigo suyo para que le ayudara.

¡Ric–ric! ¡Ric–ric!

Entre los dos avanzaban más deprisa, pero aún así, a ese ritmo, el espantapájaros no se desplomaría hasta la madrugada. Y fueron a buscar a otros compañeros. En un momento, hubo media docena de ratones royendo el palo que sostenía el espantapájaros.

¡Ric–ric! ¡Ric–ric! ¡Ric–ric! ¡Ric–ric! ¡Ric–ric! ¡Ric–ric!

Roe que roerás, los ratones mondaron el palo hasta que el espantapájaros cayó al suelo con gran estruendo.

¡Bum!

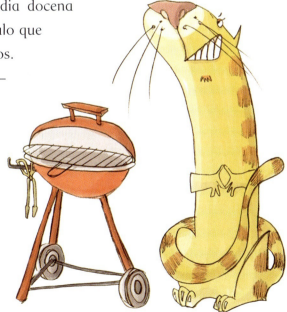

–¡Viva! ¡Viva! –gritaron mientras levantaban la calabaza.

Pero el destino, que es caprichoso, no quería ese final para esta historia, y cuando ya llegaban a los pies del árbol para entregarle su trofeo al pájaro, escucharon una voz que desde una ventana exclamaba:

–¡Qué oportuno! Seis ratones y una calabaza. ¡Cenicienta, ya tienes carroza!

Y sin comerlo ni beberlo, Bartolo y sus amigos se vieron convertidos en seis magníficos corceles que aquella noche... Bueno, ¡seguro que ya sabéis qué sucedió aquella noche!

Quasim y el genio de los tres deseos

Hace mucho, mucho tiempo, en un lugar remoto de Arabia, un joven genio paseaba por el desierto cuando divisó un oasis rodeado de altas palmeras.

–¡Ahhh! –bostezó–. Con qué ganas me echaría una cabezadita... y no hay nada más blandito para dormir que una pequeña flor de coco.

Y dicho y hecho. Gracias a su magia, el genio redujo su tamaño y se acurrucó dentro de una de las flores. El hecho es que los genios son criaturas muy dormilonas y cuando les entra sueño pueden llegar a dormir hasta dos años seguidos. Y así fue como nuestro genio se despertó meses después, atrapado en el interior de un coco.

–¡Vaya! –exclamó– ¿Dónde estoy? Que yo recuerde me quedé dormido en una flor.

Por suerte, alguien comenzó a golpear el coco hasta que la cáscara se rompió.

–¿Quién eres tú? –le preguntó la voz de un niño.

–Soy el genio de los tres deseos –le contestó– ¿Y tú quién eres?

–Quasim –le contestó el muchacho.

–Pues Quasim, en agradecimiento por haberme liberado, te concedo tres deseos –le anunció, solemne, el genio–. Dime, ¿cuál es tu primer deseo?

Quasim lo miró sorprendido sin saber qué decir.

–¡Vamos, dime! ¿Cuál es tu primer deseo? No tengo todo el día –se impacientó el genio.

–¡Ya lo sé! –gritó el muchacho–. Quiero volar en un elefante.

–¿En un elefante...? Bueno, si eso es lo que quieres. ¡Deseo concedido!

Y tras una nube de humo color verde apareció un elefante con unas enormes alas. Quasim aplaudió de alegría, se subió a lomos del elefante y, en un abrir y cerrar de ojos, estaba surcando el cielo de Arabia, acompañado por el genio.

–¡Ya sé cuál será mi segundo deseo! –le dijo Quasim al genio al cabo de un rato con los ojos fijos en la arena del desierto.

–Quiero que el desierto se convierta en un mar de jarabe de fresa.

El Genio sonrió y guiñándole un ojo a Quasim le dijo:

–¡Deseo concedido...!

Tras una ola de chispas y centellas, el desierto se convirtió en un mar de color rosa intenso. Quasim no se lo pensó dos veces. Se puso de pie sobre el lomo del elefante y se zambulló en el mar con un grito de entusiasmo.

–¡Espera! –le dijo el genio, saltando tras él.

¡Splaaaash...!

El jarabe de fresa salpicó hasta el mismísimo cielo.

–¡Ja, ja, ja! –rió Quasim– ¡Qué divertido!

Y los tres chapotearon y chapotearon hasta que se hizo de noche. Entonces, cansados de tanto nadar se tumbaron boca arriba a contemplar las estrellas.

–¿Sabes genio? Ya sé cuál es mi tercer deseo. Quiero que me lances con todas tus fuerzas hacia el cielo para poder jugar con las estrellas.

–¿Con todas mis fuerzas? ¿Estás seguro? –preguntó–. Si es así, llegarás tan alto que ni yo mismo podré seguirte.

–No me importa –replicó Quasim–. Estaré con las estrellas.

El genio lo cogió y lo lanzó hacia el cielo con toda su fuerza.

Genio y elefante se quedaron con los ojos clavados en las estrellas esperando ver a Quasim. Entonces, una estrella fugaz cruzó el cielo.

–¡Mira, elefante! ¡Es Quasim! –exclamó el Genio–. Está jugando con las estrellas.

Desde entonces hay estrellas fugaces en el cielo. Y desde entonces, también, los genios ya no duermen en las flores de coco sino en sitios más seguros como lámparas o botellas abandonadas.

El artesano y el pastor

Hace mucho, mucho tiempo existió un reino gobernado por el rey Alfredo y su esposa, la reina Teresa. En aquellos tiempos, el reino era próspero y todos vivían en paz. Y entre tanta dicha, se acercaba el aniversario de la reina. A Teresa le encantaba la música y el palacio siempre estaba repleto de músicos que le alegraban el día. La reina los acompañaba tocando la flauta, su instrumento preferido.

–La flauta de mi esposa está ya muy usada. Le regalaré una nueva para su cumpleaños –se dijo el monarca.

Y en secreto, fue en busca del artesano del reino.

–Artesano, en breve será el cumpleaños de mi esposa y quiero regalarle una flauta nueva. Pero no ha de ser una flauta cualquiera, tiene que ser la mejor flauta del reino. Trabaja la madera con cuidado, que yo te la pagaré bien.

Pero, al cabo de unos días, un mensajero del rey fue a visitarlo con malas noticias. La reina estaba muy enferma y el rey le ordenaba que no siguiese con su encargo hasta que ella no mejorase.

El joven artesano obedeció a disgusto, quedando la flauta a medias, y deseó que la reina se recuperara pronto. Pero la reina empeoró y el rey Alfredo enviudó de un día para otro.

¡Qué horas tan tristes se sucedieron entonces en el reino! Algunos músicos amigos de la reina quisieron consolar al monarca con sus canciones, pero al rey aquella música le traía tantos recuerdos de su esposa que los echó.

–¡No habrá más música en este palacio, ni en todo el reino!

El grito del monarca se convirtió en ley, y sus pregoneros corrieron a dar la noticia, requisando todos los instrumentos que encontraban a su paso.

Cuando llegaron a casa del artesano este no daba crédito.

«¡Prohibida la música en todo el reino!», pensó preocupado.

Y así fue como la prohibición fue acatada en todas partes, y el artesano no pudo vender un solo instrumento más. Con gran pena, se echó el hatillo al hombro y emprendió la marcha, llevando consigo la flauta inacabada que estaba fabricando para la reina.

«Este capricho del rey ha convertido el reino en el lugar más triste del mundo», pensó el artesano mientras se alejaba.

No tardó en llegar a un valle cubierto de hierba en el que pacía un rebaño de ovejas raquíticas.

—¡Qué animales más desnutridos! —se sorprendió.

Dio unos pasos más y escuchó un sollozo. Era el pastor quien, apoyado en un árbol, lloraba desconsoladamente.

—¡Yo en tu lugar también lloraría! —le dijo el artesano—. Tus ovejas son las más desnutridas que he visto jamás.

—Es por culpa de la prohibición —le respondió el pastor—. Yo antes solía tocar la flauta mientras mis ovejas pacían, y la alegría de la música las alimentaba tanto como la hierba del valle. Sin embargo ahora, el silencio las tiene a todas muy tristes, y temo incluso por su vida.

—Se está cometiendo una injusticia —se quejó el artesano—. No puedo irme.

Y dicho eso, sacó la flauta que estaba fabricando para la reina y empezó a tocar. Bastaron las pocas notas que pudo combinar con ella, para que el brillo de los ojos del rebaño cambiara. Pero lo más extraordinario estaba aún por venir. Con un estrépito de luces, el pastor se convirtió en un geniecillo.

–Yo soy en realidad el genio de la música –dijo ante la mirada atónita del artesano–. Y tú, artesano, has comprendido que la tristeza no se combate con tristeza, sino con alegría. Toma tu flauta y recorre con ella el mundo porque, como recompensa, la he encantado, y nadie podrá dejar de obedecerla.

Y así fue como aquel humilde artesano se encontró, sin quererlo, con un tesoro entre sus manos. Y la primera aldea que visitó fue una pequeña población llamada Hamelín.

La desaparición de los unicornios

Aquella mañana, Rogelio había salido a pescar a uno de sus rincones preferidos del río. Casi había llegado cuando tropezó con una telaraña, en la que había una mariposa que aleteaba intentando escapar.

«Pobrecilla», pensó, corriendo en su ayuda.

Pero al acercarse, Rogelio se llevó una gran sorpresa. No era una mariposa, sino un hada del bosque.

—¡Increíble! —se dijo, mientras la desenredaba.

Cuando el hada se vio libre, revoloteó alrededor de Rogelio, y se posó en su hombro susurrándole al oído:

—Muchas gracias por salvarme, como recompensa, y durante todo el día, podrás pedir ayuda a cualquiera de los seres mágicos que habitan en este bosque. Pero piensa muy bien cuál eliges ya que el que te ayude no volverá a pisar nunca más la tierra de los hombres, y nadie lo volverá a ver jamás.

Y, tras esas palabras, el hada alzó el vuelo y desapareció.

—¡Espera! —gritó Rogelio, pero no hayó ni rastro del hada.

El muchacho meditó sobre lo que le acababa de ocurrir.

«¡Qué extraña recompensa! Por suerte, tengo planeado un día muy tranquilo y no creo que vaya a necesitar la ayuda de ninguna criatura mágica», se dijo.

Rogelio se sentó en una roca, y arrojó el anzuelo al agua. Al cabo de un rato, el pez más fuerte y rápido del lugar mordió el anzuelo, cogiéndolo tan desprevenido que lo tiró al río. Rogelio se asustó. Entonces recordó las palabras del hada y pensó que quizá había llegado el momento de pedir ayuda. Pero, ¿a quién? Ese día tenía a todos los seres mágicos a su disposición. Ondinas, ninfas, dragones alados. Tenía que elegir bien porque quien acudiese en su ayuda desaparecería para siempre de la tierra de los hombres.

—¡No, no lo haré! —decidió entonces Rogelio— ¡No voy a pedir ayuda! ¡No quiero que ninguno de ellos desaparezca!

Y armándose de valor logró nadar hasta la otra orilla del río. Apenas hubo recuperado el aliento, se vio rodeado por una manada de lobos hambrientos.

–¡Estoy perdido! –exclamó. Entonces le vinieron a la mente un sinfín de criaturas mágicas pero, de nuevo, intentó apañárselas él solo.

Con la manada de lobos pisándole los talones, consiguió subirse a un árbol. De repente, los lobos salieron huyendo despavoridos.

–Qué raro... –murmuró Rogelio–. ¿De qué huirán los lobos?

Rogelio miró a su alrededor y en seguida lo entendió. Un oso enorme empezaba a trepar por el árbol.

–¡Ahora sí que estoy perdido! –gritó el muchacho. Pero aún así se resistió a pedir ayuda.

La suerte, una vez más, se puso de su parte. La rama del árbol por la que trepaba el oso cedió por su peso y se partió. Rogelio aprovechó para salir corriendo, dejando atrás al oso.

Tanto se había alejado de su casa que cuando llegó ya había oscurecido. Rendido, Rogelio cenó y se fue a dormir, contento de no haber utilizado la ayuda del hada. No contaba con que el día aún no había terminado. Apenas se durmió, tuvo una pesadilla. De repente estaba de nuevo en el bosque y lo perseguían el oso y los lobos. Él intentaba huir pero era como si no avanzase.

–¡Socorro! –gritó al fin en sueños– ¡Que alguien me ayude!

Entonces, un unicornio alado bajó del cielo y se llevó a Rogelio lejos de sus perseguidores.

El muchacho se despertó sobresaltado y miró por la ventana. De reojo vio la sombra de un unicornio que se alejaba volando. Y es por eso por lo que nadie ha vuelto a ver ningún unicornio. Aunque los buscadores de seres mágicos dicen que los hechizos de las hadas duran tan solo cien años por lo que ¿quién sabe?... quizá muy pronto volvamos a ver uno.

Elvira, la abuela glotona

La abuela Elvira vivía sola en el bosque, pero le gustaban tanto su casa y su jardín, que no echaba nada de menos. El único problema era que al estar tanto tiempo sola se había vuelto muy glotona y comía a todas horas.

Un día estaba sentada en su mecedora junto a la ventana cuando se fijó en el melocotonero del jardín. Estaba tan cargado de melocotones que hasta se le doblaban las ramas.

—Humm… —dijo—. ¡Qué buenos!

Y como Elvira se daba todos los caprichos, salió al jardín y fue hacía el árbol. El melocotón más maduro estaba en una rama bastante alta pero Elvira no se lo pensó dos veces y empezó a trepar por el tronco. Todo habría terminado ahí, si la abuela no hubiera sido tan glotona. Pero, cuando Elvira cogió el melocotón, descubrió que encima de este había otro que le apetecía más. Y con los ojos siempre fijos en el siguiente melocotón, subió por el árbol hasta que se vio envuelta por las nubes.

—¡Madre mía, si que he subido alto! —exclamó, y con un salti-to, bajó del árbol y se posó blandamente sobre una de ellas.

Dio algunos pasos con torpeza y en medio de aquella nada divisó un enorme armario, cuatro veces más alto que ella.

—¡Vaya! —exclamó sorprendida.

Elvira se acercó al armario. Clavado a media altura había un cartel que decía: ¡ATENCIÓN! ABRIR SOLO DE NOCHE. Pero Elvira, muerta de curiosidad, abrió la puerta aun a sabiendas que todavía no era de noche. Las puertas del arma-rio crujieron antes de ceder lo justo para que Elvira pudiera asomar la cabeza. En su interior, suspendidos en la oscuri-dad estaban todas las estrellas y planetas del cielo nocturn-no. Elvira, sin terminar de creérselo, contempló un buen rato cómo flotaban, girando los unos alrededor de los otros.

Entonces alguien gritó a sus espaldas:

—¿Qué haces insensata? ¡Cierra la puerta!

Elvira se giró. Ante ella había un hombre de rostro azulado, alto y delgado como un fideo.

—Las estrellas se gastan si se las deja salir de día —aclaró—. ¿No has leído el cartel? Este armario solo se puede abrir de noche.

—Lo siento —se excusó Elvira—. Me moría de curiosidad.

—¡Curiosidad, curiosidad! —refunfuñó el extraño hombreci-llo, mientras cogía un pedazo de nube, la retorcía con las dos manos y le daba forma de gato.

–Pero, ¿quién eres tú? –preguntó Elvira.

–Yo soy el duende que da forma a las nubes –respondió mientras retorcía otro pedazo de nube, dándole forma de avión.

–¿Puedo probar? –preguntó Elvira, cogiendo un trozo de nube.

–Con cuidado –le advirtió el duende–. No hay nada peor que una nube enfadada...

Al escucharle decir eso, Elvira, sin querer, apretó la nube más de la cuenta. De repente, el pedazo de nube se empezó a poner negro y desprendió un par de rayos. Asustada dejó caer el

nubarrón al suelo y, como por arte de magia, todas las nubes que había a su alrededor se contagiaron del temporal.

–¡Te lo advertí! –se quejó el duende entre el rugir de los truenos.

–Lo siento –dijo Elvira. Pero ya era tarde, se había desatado la tormenta y, como la había provocado una nube enfadada, empezó a llover de abajo a arriba.

–¡Mira lo que has conseguido! –la riñó el duende–. ¡Ahora tendremos que darle la vuelta a todas las nubes...! ¡A todas...!

En ese momento, Elvira se despertó y descubrió aliviada que seguía sentada en la mecedora y que todo había sido una pesadilla fruto de una indigestión. Bueno, todo, todo no. La lluvia de una tormenta de verano había entrado por la ventana y la había dejado completamente empapada.

El despistado rey Juan y su mujer, la bella despierta

En el reino de Lechuga gobernaba el rey Juan, que era el más despistado de todos los reyes que jamás hayan existido. Juan era capaz de olvidarse hasta de los días de la semana, y tenía que contar siempre las velas de su pastel de cumpleaños para saber qué edad tenía. Pero la gente del reino quería a su despistado gobernante por lo que nadie dijo nada cuando un buen día apareció casado con una princesa que, según él, había encontrado dormida en el bosque.

Un día, el reino de Lechuga recibió una desagradable visita. A las puertas del castillo llegó el dragón Melindrón.

–Rey Juan –rugió Melindrón–, he venido a que me alimentéis. ¡Quiero cien pasteles de nata todos los días o quemaré hasta el último rincón de este reino!

Dicho esto, Melindrón se retiró a descansar a un bosque cercano. El rey, muy preocupado, mandó llamar a todos los pasteleros del reino. Pero las noticias que le dieron no fueron buenas:

–Nuestro rey, lo sentimos mucho pero no podemos cumplir lo que pide el dragón. No tenemos suficiente leche para hacer cien pasteles de nata todos los días.

El monarca se desesperó, pero su esposa la reina, acudió en su ayuda:

–Querido Juan –le dijo–, todo tu pueblo te admira. No puedes fallarles ahora. Debes hacerle frente al dragón. Tú puedes vencerlo.

–¿De verdad crees que puedo vencer al dragón? –respondió el rey–. Pues no defraudaré a mi pueblo.

Y sin más demora, partió hacia el bosque donde se escondía el dragón. Claro que, como era muy despistado, se perdió tres veces por el camino y cuando por fin llegó a la guarida de la fiera era casi de noche. Melindrón dormía sobre una gran roca.

–¡Ríndete bicho! –gritó el rey– ¡No permitiré que dejes a mi reino sin pasteles!

–¿Quién me despierta? –murmuró Melindrón malhumorado.

–¡Ríndete! –repitió el rey, corriendo hacia él para apresarlo.

Pero cuando estuvo a medio camino, se dio cuenta de que en
lugar de llevar una espa-
da en la mano, llevaba
un paraguas.

—Ja, ja —rió la fiera—.
¿Es que va a llover?

En ese momento lle-
gó al lugar la reina, acompañada por todos los habitantes del
reino. Cuando advirtieron el despiste de su rey, se llevaron las
manos a la cabeza.

El dragón se levantó dispuesto a chamuscar al rey. Juan quiso protegerse detrás de su escudo, pero descubrió que en su
lugar, sostenía la tapadera de una olla. Entonces, el rey decidió alejarse al galope, pero resultó que también se había olvidado el caballo.

—¡Pero qué despistado soy! —se quejó—. Estoy perdido.

Melindrón abrió la boca dispuesto a chamuscar al rey con sus
llamas. La reina no se atrevía a mirar y sus súbditos lo daban
todo por perdido, cuando...

El rey sacó algo de su bolsillo y lo arrojó a la boca del dragón.

Melindrón cerró sus man-
díbulas con un chasquido,
y antes de que nadie pudie-

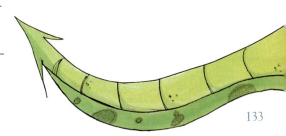

ra entender lo que había ocurrido, se desplomó en el suelo y…
empezó a roncar.

–¿Lo ha dormido, así sin más? –se preguntaban los unos a los
otros, vitoreando al rey.

La reina se acercó hasta él y le dio un fuerte abrazo.

–¿Cómo habéis conseguido que el dragón se durmiese tan
repentinamente? –le preguntó.

–La verdad es que ni yo mismo lo sé –respondió el rey–. Me vi
tan perdido que le arrojé lo único que tenía a mano.

–¿Y qué era? –quiso saber la reina.

–¿Te acuerdas de la tarde que te encontré dormida en el bosque? Pues todavía llevaba en el bolsillo la manzana que había
a tu lado ¡Si seré despistado! Eso es lo que le he arrojado al
dragón. Pero, ¿por qué le habrá hecho ese efecto…?

La reina se sonrió. Recordaba muy bien la tarde en que una
extraña anciana le dio a probar esa manzana y cómo le había
hecho el mismo efecto a ella.

Belisario y la sirena

Belisario era un joven pescador que vivía en una pequeña isla llamada Roscón de Miel. Una mañana Belisario se hizo a la mar con una enorme botella de cristal y un tapón de corcho. Los demás pescadores, al verlo, sintieron curiosidad.

–¿Qué vas a hacer con esa botella? –le preguntó uno de los pescadores.

–Me ha pasado una cosa extraordinaria. ¡Me he enamorado de una sirena! –les dijo.

–¿¡De una sirena!? –exclamaron todos, pensando que Belisario había perdido la cabeza.

–¿Y para qué quieres la botella de cristal? –quiso saber uno.

–Me he estado informando y a las sirenas les ocurren toda clase de cosas terribles si deciden vivir en tierra firme, por lo que he decidido que seré yo quien me vaya a vivir al fondo del mar con ella –les explicó Belisario.

Y dicho eso, se alejó con su barca en busca de su amor. Al llegar a un pequeño escollo que apenas sobresalía de la superficie se detuvo y llamó emocionado:

–¡Amada mía! ¡Ya estoy aquí!

Entonces, entre la espuma, asomó un hermosa sirena.

–¡Belisario! ¿Para qué quieres esa enorme botella? –preguntó la sirena.

–Así no tendrás que vivir en tierra firme y no tendrás que sufrir ningún hechizo.

–Belisario... –empezó a protestar la sirena.

Pero el pescador estaba tan entusiasmado que no la dejó hablar. Arrojó la botella al mar, se metió dentro y la tapó con el corcho.

—¡Ya está! ¿Qué te parece? —le dijo.

La sirena respondió algo pero desde dentro de la botella, Belisario no podía oírla.

—Vaya contratiempo —se dijo.

Para terminar de estropearle el plan, una corriente marina arrastró la botella. Sin velas, remos, ni timón, Belisario no pudo hacer nada para evitarlo y en un suspiro se encontró de nuevo en el puerto de su aldea.

—¡No te preocupes, amor mío! ¡Ya pensaré en algo! —gritaba mientras se alejaba de la sirena.

A la mañana siguiente, Belisario apareció en el puerto con una larga manguera, un traje de goma y un casco. Lo cargó todo en su barca y se dirigió de nuevo al escollo en busca de la sirena.

—Belisario… —empezó a decir la sirena cuando vio que Belisario empezaba a ponerse el traje.

Pero, una vez más, el pecador volvió a interrumpirla.

—Mira, esta vez sí he dado con la solución para poder vivir contigo debajo del mar. Con este traje no pasaré frío, con el casco no me entrará agua y con la manguera podré respirar aire de la superficie.

—Belisario —trataba de decirle la sirena—, en realidad no es necesario que...

Fue inútil, el pescador ya estaba en el agua. Al principio, parecía que el invento funcionaba, pero en seguida el casco se le inundó de agua, impidiéndole respirar.

—¡Tendría que haberlo probado antes! —se lamentaba el pescador mientras la sirena lo sacaba del agua.

—¡Belisario, te has vuelto loco! —le reprochó la sirena tan pronto le hubo sacado el casco—. ¡Casi te ahogas por no escucharme!

—¿Pero qué es eso tan importante que quieres decirme? —replicó el pescador.

—Pues, que no tienes porqué vivir conmigo en el fondo del mar. Las sirenas podemos vivir perfectamente fuera del agua y yo prefiero vivir contigo en tierra firme.

Y así fue cómo Belisario pudo vivir feliz con su hermosa sirena y, sobre todo, cómo aprendió lo importante que es saber escuchar.